バレーボール
実戦力を高めるドリル

著 **坂本将康** FC東京バレーボールチーム監督

INTRODUCTION
はじめに

　バレーボールは多くの方から注目される競技です。2012年のロンドン五輪では女子バレーボール日本代表がロサンゼルス五輪以来28年ぶりとなる銅メダルを獲得するなど、国際大会でも好成績を収めています。

　イタリアやフランスなどのヨーロッパを中心に、海外ではプロリーグがありますが、日本にプロリーグはなく、トップリーグはVリーグ。プレミアリーグ、チャレンジリーグⅠ、Ⅱから形成され、FC東京はV・プレミアリーグに属しています。Vリーグは企業を母体としていますが、多くのチームがバレーボール中心の生活を送るなか、FC東京は1人の社会人として社業にも携わり、なおかつバレーボール選手としては日本のトップリーグで活躍しています。決して簡単なことではありませんが、選手たちは仕事とバレーボールを両立すべく、日々一生懸命頑張っています。

　V・プレミアリーグのチームではシーズン中も会社で働き、なおかつ練習もして試合に出るというチームは少ないので、特殊な環境であるように感じられるかもしれません。ですが、これは学校で授業を受けながら、それぞれの目標を持って部活に励む中学生や高校生と同じ。限られた時間のなかでどう強化し、レベルアップするか、という目標を掲げることに変わりはありません。

　私たちはV・プレミアリーグでの優勝経験はなく、強豪と呼ぶにはふさわしいチームではありませんが、それでもなぜ日本のトップであるV・プレミアリーグで戦い続けることができるのか。それは日々の練習で選手たちが工夫し、少しでも自分の課題を克服し、目標に近づけるための努力を続けているからです。

　練習方法と言うには、ごく当たり前のメニューも多くありますが、どんな意識で、どんな目的を持ってVリーグの選手たちは練習しているのか。本書を通じて、そのヒントとなる要素を探し、それぞれの場所で自分たちに最も適した練習方法を見つけて実践していただければ幸いです。

FC東京バレーボールチーム監督
坂本将康

※本書で使用している写真はすべて、2015/16シーズン中に撮影したものであり、実演モデルを含む選手、スタッフは当シーズンの在籍者となります。

| 2 | はじめに |
| 8 | 本書の使い方 |

第1章 サーブ

10	サーブの役割
11	サーブの種類
12	Menu001 フローターサーブ
14	Menu002 ジャンプフローターサーブ
16	Menu003 ランニングジャンプフローターサーブ
18	Q&A フローター＆ジャンプフローター編
20	Menu004 ジャンプサーブ
22	Q&A ジャンプサーブ編
24	Menu005 トス練習
25	Menu006 ターゲットに向けたサーブ①
26	Menu007 ターゲットに向けたサーブ②
27	Menu008 スピード計測サーブ
28	コラム 「Vリーグのアタックとサーブをプレーの参考に」

第2章 ブロック

30	ブロックの役割
31	Menu009 ブロックの構え
32	Menu010 サイドステップ
34	Menu011 クロスステップ
36	Menu012 2枚ブロック
38	Menu013 3枚ブロック
42	Menu014 台上ボールキャッチ
44	Menu015 台上から打たれるボールをブロック
46	コラム 「勝負を分けるのは二段トス！」

第3章 ディグ

48		ディグの役割
49		強打と軟打の定義づけ
50	Menu016	ディグの構え
52	Menu017	レシーブの基本練習
54	Menu018	軟打レシーブの基本練習
56	Menu019	ダッシュ＆レシーブ
57	Menu020	対人レシーブ
58	Menu021	3人組での対人レシーブ
60		レシーブシステムを学ぼう
62		ディグとブロックとの関係性を学ぼう
64	コラム	「バレーボール選手になるためには何が必要?」

第4章 トランジションセット

66		トランジションセットの役割
68	Menu022	レシーブ位置から移動してのセット
70	Menu023	レシーブ位置から移動してのジャンプセット
72	Menu024	ブロックに跳んでからのセット
74	Menu025	ブロックに跳んでからのジャンプセット
76	Menu026	オーバーでのハイセット
78	Menu027	バックトス
80	Menu028	アンダートス①
81	Menu029	アンダートス②
82		トスの軌道を確認しよう
84	Menu030	レフト、ライトへハイセット
86	Menu031	ボールトラップ

第5章 ディグアタック

88		ディグアタックとは?
90	Menu032	レフトからのディグアタック
92	Menu033	ライトからのディグアタック
94	Menu034	ブロックアウト
96	Menu035	フェイント
98	Menu036	プッシュ
100	Menu037	リバウンド
102	Menu038	ディグアタック実戦練習
104	コラム	「データはどうやってつけているの?」

第6章 レセプション

106		レセプションの基本
107		構えのポイント
108		相手サーバーの特徴把握とポジショニング
110	Menu039	前後左右のボールに対するレセプション
114	Menu040	オーバーでのレセプション
116	Menu041	レセプションの実戦練習①
118	Menu042	レセプションの実戦練習②
120	コラム	「サーブミスは悪いことではない？」

第7章 セット

122		セットの役割
123	Menu043	セットの構え
124	Menu044	セットのステップ
126	Menu045	レフトへのセット
128	Menu046	バックトス
130	Menu047	バランスディスク上でセット
132	Menu048	バスケットボール練習（両手）
133	Menu048	バスケットボール練習（片手）
134	コラム	「スペシャリストを目指せ！」

第8章 スパイク

- 136 ── スパイクの役割
- 137 ── 助走のポイント
- 138 ── Menu050　片足ジャンプ
- 140 ── スイングのポイント
- 142 ── Menu051　外旋スイング
- 144 ── Menu052　レフトからのスパイク
- 146 ── Menu053　ライトからのスパイク
- 148 ── Menu054　バックアタック
- 150 ── Menu055　バックアタックから前衛スパイク
- 152 ── Menu056　高いトスへの対応
- 154 ── Menu057　連続スパイク
- 156 ── コラム　「キャプテンに向いている選手はどんなタイプ？」

第9章 練習計画とメニューの組み方

- 160 ── 年間スケジュールの把握
- 162 ── 週間スケジュール
- 163 ── １日の練習メニュー
- 170 ── Q&A 指導者アドバイス編

- 172 ── おわりに
- 174 ── 著者＆チーム紹介

本書の使い方

本書では、写真や図、アイコンなどを用いて、1つひとつのメニューを具体的に、よりわかりやすく説明しています。写真や"やり方"を見るだけでもすぐに練習をはじめられますが、この練習はなぜ必要なのか？ どこに注意すればいいのかを理解して取り組むことで、より効果的なトレーニングにすることができます。なお、主に右利きをモデルにしているため、左利きの人は適宜左右を入れ替えて行いましょう。

▶ 習得できる能力が一目瞭然
その練習メニューがどの能力の強化をねらったものなのか、また練習の難易度がわかります。自分に適したメニューを見つけて練習に取り組んでみましょう。

▶ なぜこの練習が必要か？
この練習がなぜ必要なのか？ 実戦にどう生きてくるかを解説。また練習を行う際のポイントや注意点も示しています。

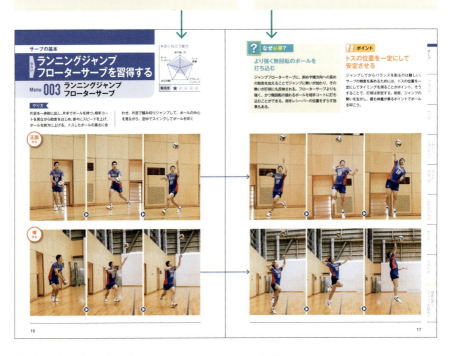

そのほかのアイコンの見方

掲載した練習法をより効果的に行うためのポイントの紹介です

より高いレベルの能力を身につけるためのポイントや練習法です

図の見方

 練習者

 サポート役

ボールの動き

人の動き

第1章
サーブ

すべてのプレーはサーブからはじまる。
効果的なサーブを打てれば、相手を崩して得点を奪うことはもちろん、
チームに勢いを与えることができる。勝敗を左右する最も重要な要素である
サーブを、強く、そして正確に打てる力を身につけよう。

サーブの役割

相手の守備を崩す最初の攻撃！

　バレーボールはサーブからはじまる。つまりサーブは相手を攻撃する最初のプレーであり、自分のタイミングや技術を生かして行うことのできる唯一のプレーである。

　バレーボールという競技は、相手よりも得点を多く取らなければ勝つことはできない。そのためにはまず、どれだけ効果的なサーブを打つことができるかが重要。サーブで相手の守備を崩すことができれば、攻撃の選択肢も狭まり、ブロック、レシーブでつないで自チームの攻撃チャンスは広がる。特に近年のバレーボールはサーブの占める割合が増しており、勝敗を左右する要素が非常に高いのは間違いない。

　ラリーポイント制ではサーブミスでも1点が相手に与えられるため、ミスを恐れて弱いサーブを打ってしまいがちだが、それでは相手のチャンスになるだけで攻めたとは言い難い。

　どんな状況でも、コートの角へ、スピードの強弱を生かしたサーブを打てるようになるための練習が不可欠であり、サーブの精度を高めることで自信もつき、勝負所でも思い切ったサーブが打てるようになるはずだ。

　チームの中でもジャンプサーブで勝負する選手や、的確にターゲットをねらうジャンプフローターサーブの選手など、個性を生かしたサーブ戦術を組み立てるためにも、まずは一人ひとりのサーブ力の向上は不可欠だ。

サーブの種類

> フローターサーブ

基本となるフローターサーブはパワーを必要とせず、コントロールもしやすいため、的確なコースをねらうのに適している。V・プレミアリーグの選手でフローターサーブだけを打つという選手はほとんどいないが、サーブの感覚がつかめず、調子が悪いと感じる時にはフローターサーブで調整する選手もいる。まずはフローターサーブを打つことで、ボールのどこを叩けばどんなふうにボールが飛んでいくかを確認しよう。

> ジャンプフローターサーブ

フローターサーブに、ジャンプして高さが加わるジャンプフローターサーブは直線的な軌道で相手をねらうことができるため、レシーブをする選手にとっては非常に返球が難しいサーブ。ジャンプする動作が加わるため、ボールをどこでヒットするか、トスの高さはそれぞれ異なる。自分が一番打ちやすいポイント、どこで、どんなふうに打てばより相手を崩すことができるかを練習を重ねることで習得したい。

> ジャンプサーブ

スパイクと同じフォームで打つジャンプサーブは、高い打点から、強く相手コートに打ちこむことができるため、直接ポイントを取りやすい。相手の守備を崩しやすいサーブでもある。しかしその反面、動作の流れのなかで1つでもポイントが崩れればミスにつながりやすいというリスクもある。トス、助走、ヒットポイントなど自分の打ち方、リズムを一連の動作としてしっかりと確立することが必要だ。

※V・プレミアリーグの男子選手はほとんどがジャンプフローターサーブか、ジャンプサーブを打つ。そのため、本書ではアンダーハンドサーブ、サイドハンドサーブは割愛する。

サーブの基本

≫主にねらう能力

難易度 ★☆☆☆☆

Menu 001 フローターサーブ

やり方

右利きならば左手でボールを持ち、ヒジを伸ばし、目線よりも少し上の位置で持つ。ボールから目を離さず、手首の力でトスを上げ、右ヒジを引いて体をひねりながら、ヒジを高く上げ、最高打点でボールの中央を叩く

正面から

横から

❓ なぜ必要？

最も正確に打てるサーブ

フローターサーブは力まずに正確にコントロールすることが大切。どのタイミングで、ボールのどこを叩くのか、その感覚をつかむためには最も基本的なサーブだ。威力よりもまずは正確性を意識してやってみよう。

❗ ポイント

最高打点で、手のひらに当てる

十分な力を正確にボールに伝えるためには、右腕が届く最高打点でボールを叩くことが大切。指ではなく、手のひらの硬いところ、中指の付け根に当てて前に押し出すイメージでボールにヒットさせることを意識しよう。

Menu 002 ジャンプフローターサーブ

≫主にねらう能力

難易度 ★☆☆☆☆

やり方

片足を一歩前に出し、両手でトスを上げる。ボールを目で追いながら、トスを上げると同時に助走する。ボールの中心を見ながら、空中でスイングして、手のひら全体でボールの中心を打つ

正面から

横から

なぜ必要？

異なる軌道でスピードを加える

ジャンプをして打つことで、通常のフローターサーブよりも高さが加わる。フローターサーブとは異なる軌道でボールは飛んでいき、スピードも加わるので、相手は取りづらい。ジャンプのタイミングや、トスの高さ、ボールヒットのタイミングを身につけよう。

ここに注意！

腕は振らずに止める

ボールヒットの際、腕を振ってしまうとボールに回転がかかりやすくなり、相手が取りにくい無回転のサーブは打てない。振るのではなく、ヒットの瞬間に腕は止めて押し出すイメージで打つと回転が加わりにくくなる。

サーブの基本

Menu 003 ランニングジャンプ フローターサーブ

≫主にねらう能力

難易度 ★☆☆☆☆

やり方

片足を一歩前に出し、片手でボールを持つ。相手コートを見ながら助走をはじめ、徐々にスピードを上げ、ボールを前方に上げる。トスしたボールの高さに合わせ、片足で踏み切りジャンプして、ボールの中心を見ながら、空中でスイングしてボールを叩く

正面から

横から

なぜ必要？

より強く無回転のボールを打ち込む

ジャンプフローターサーブに、斜めや横方向への長めの助走を加えることでジャンプに勢いが加わり、その勢いが打球にも反映される。フローターサーブよりも強く、かつ無回転の揺れるボールを相手コートに打ち込むことができる。相手レシーバーの位置をずらす効果もある。

ポイント

トスの位置を一定にして安定させる

ジャンプしてからバランスを取るのは難しい。サーブの精度を高めるためには、トスの位置を一定にしてタイミングを測ることがポイント。そうすることで、打球は安定する。助走、ジャンプの勢いを生かし、最も体重が乗るポイントでボールを叩こう。

［フローター&ジャンプフローター編］

Q フローターサーブに変化を加えるには どう打てばいい？

A 基本はボールの中心を叩こう

　基本はボールの中心をヒットすることだが、ドライブ回転をさせたければボールの右側、左側を打てば逆ドライブがかかり、変化が生じる。フローターサーブの最大の利点はボールを回転させないよう打つことで空気抵抗を受け、揺れながら落ちる軌道。無回転にするにはボールの中心を叩き、打ちたい方向へ向けて平行に押し出すことを意識しよう。

Q 奥へ打ったりスピードをつけたり 前へ落とす時の打ち方は？

A ヒットポイントやタイミングを変えてみよう

　ヒットまでの腕の振りやスピードが変われば、同じ軌道でも落ちる場所やスピードが変化する。ヒットポイントによっても変化が生まれ、ボールをヒットする際、自分の体よりも少し近め、顔の前でヒットすれば前に落ちるショートサーブになり、同じスピードでも体の近くではなく、体よりもやや前方の手が伸びきったところでヒットすればボールは伸びる。打ち方やフォームが同じでも、ヒットポイントが変わればサーブは変わる。トスの高さは変えずに、1本1本、ヒットポイントやタイミングを変えて、どう打てばどのコースへどんなふうに落ちるのか、ポイントをつかめるよう練習から確認しよう。

サーブを打つ時は何を見る?

 人ではなく、常にポイントを見る意識が大切

　人が重なっているところや、相手が見えづらそうなところを見る。ターゲットを見て打つ選手もいるが、見ているところにボールが真っ直ぐ飛んでしまい、相手からすればチャンスボールになることもあるので、「この選手にサーブを打って崩したい」と思う場合でも、人を見て打つことはあまりお勧めしない。人を見て打つクセがついてしまうと、170㎝の対戦相手に対し「この選手の肩口をねらってサーブを打とう」というのが自分の感覚としてしみつき、対戦相手が190㎝の選手に代われば、同じ「肩口をねらう」サーブも簡単にアウトとしてジャッジされてしまうこともある。そのため、視線は変えずに、人ではなくポイントを見て打つのが好ましい。

 フローターからジャンプフローターサーブに変える時の練習方法は?

 遠くへ打つ感覚を身につけることからはじめよう

　まずはその場で真上にジャンプをして打つ。スパイクと違い、サーブは離れた相手やターゲットをねらって打つので、ジャンプして、遠くへ打つ感覚を身につけることからはじめてみるとよい。慣れてきたら、少しずつ助走をつけたり、スピードをつけたりするなどバリエーションを加えていくとよいだろう。

 ジャンプフローターサーブで崩れるのはなぜ?

 ミートするポイントが変わりながら飛んでくるため

　ジャンプフローターサーブは回転せず、高い打点から直線的な軌道で落ちてくるので、受け手にとってはミートポイントがずれるために取りにくい。順回転のボールに対してはレシーブ時に面の角度さえ合わせれば、弾かれることはないが、ジャンプフローターサーブは中心点がずれながら飛んでくるため、ミートするポイントも変わり返しづらい。

Menu 004 ジャンプサーブ

》主にねらう能力

難易度 ★★☆☆☆

やり方

トスを上げると同時に助走をはじめ、ボールの位置を確認しながら、ボールの下に素早く入る。スパイクと同様に高くジャンプし、最高打点でボールの中心を叩く

❓ なぜ必要？

サーブポイントを取りやすい

スパイクと同じように助走して、力強く打つジャンプサーブ。トップクラスの選手の中には時速100kmを超えるスピードのサーブを持つ選手もいて、1本でサーブポイントが取りやすいサーブといえる。ボールをヒットする瞬間に全身の力をボールにしっかりと伝え、打つ方向に向かって強く腕を振ろう。

❌ ここに注意！

強さよりもまずは安定性

ジャンプサーブというと、どうしても強い打球を打つことに意識が向きがちだ。しかし、強さを追求するよりは、まずは安定した強さで、ねらい通りのポイントへ打ち込める正確性のほうが大切。トス、助走、ジャンプのタイミング、ヒットポイントを一つずつ確認して自分の形をつくっていこう。

ジャンプサーブ編

Q ジャンプサーブを打ちはじめる時はどこから練習すればいい？

A トスから一つずつやっていこう

　まずはトスを安定させることからはじめる。ジャンプフローターサーブと同様に、真上にトスを上げて真上にジャンプして跳んで思い切り打ってみる。トスを高く上げたほうが反力が強くなるためボールが重くなると言われているが、はじめからトスを高く上げて練習するとタイミングがつかみにくくミスをするリスクも高まる。強く打って、1本のサービスエースを取ることも武器ではあるが、どこへ行くかわからない強さよりもコンスタントに強く入るサーブのほうが相手にとって脅威になるのは間違いない。ねらった場所に打つコントロール力を高めるためには、やみくもに高く上げ、強く打つのではなく、自分が一番打ちやすいポイントを探すことからスタートしよう。

Q ジャンプサーブでトスを上げるタイミングは？

A トスを上げるのと同時に動き出すのがやりやすい

　トスを上げる前に動く選手、動いてからトスを上げる選手、いっせいのせ、と同じタイミングで動きはじめる選手、それぞれの形がある。慣れてくればやりやすい形を探せばいいが、スタート段階ではトスを上げるのと同時に動き出すのが最もスムーズで安定するので、トス、助走を同じタイミングではじめるほうがタイミングはつかみやすい。

ジャンプサーブの助走はどうやって調整する？

 少しずつ距離を遠くしていこう

　基本のイメージはスパイクと同じ。まずはジャンプをせずにその場でトスを上げて、ドライブ回転をかけて打つところからスタート。スパイクよりも遠い位置から打つので、距離感がわかったら少しずつ前に位置をずらし、エンドラインの2mぐらい前から真っ直ぐにボールを上げてジャンプして打つ。それができたら今度はエンドラインまで下がって、少しずつ距離を遠くして1歩、2歩と助走を入れて打つ。

 ボールのメーカーの違いで何か変わる？

 多少の違いがあるが、意識しすぎないように

　ボールの違いによって最も影響が出るプレーの一つがサーブ。モルテンはやや重く空気抵抗を受けにくいためあまり揺れない。ミカサのほうが軽いので揺れやすい傾向にある。一般的にはジャンプフローターを打つ人にはミカサ、ジャンプサーブの人にはモルテンが有利と言われているが、V・プレミアリーグでは毎年使用するボールが変わるのでサーブを打つ際はあまり考えすぎないよう意識している。

Menu 005 トス練習

やり方
1. 片足を前に出し、片手でボールを持つ
2. ヒジを伸ばしてボールを運ぶ
3. 手首を使ってトスを上げる
4. ボールは打たずに、打ちやすい高さを確認する

? なぜ必要？

一定の位置にトスを落とす

安定して強いサーブを打つためには、まずは第一段階として、常に自分が打ちやすい高さにトスを上げられるようにする必要がある。トスの位置を一定にするためには、たとえば目の前にカゴを置き、トスを上げ、連続してカゴに入れる練習も効果的。地味な練習ではあるが、良いサーブを打つ第一段階として、安定したトスを上げるために必要な練習だ。

Menu 006 ターゲットに向けたサーブ①

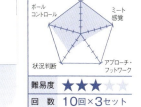

≫主にねらう能力	
難易度	★★★☆☆
回数	10回×3セット

やり方
反対のコートの、サーブをねらう位置にレシーバーを入れて正確に打ち込む。レシーバーがいない場合はマットなどでも良い

！ポイント　目標を確認しながらトスを上げる

この練習では、強さよりも正確に、ねらったところに打つことが大切。ターゲットとなるレシーバーを確認しながらトスを上げ、ボールの中心をしっかりと叩く。

Menu 007 ターゲットに向けたサーブ②

難易度 ★★★☆☆
回数 3本×5セット

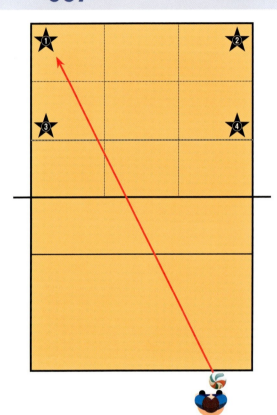

やり方

マットやイスなどをターゲットとしてコート左右の両コーナー（①②）と、アタックラインの両サイド（③④）に置き、そこを目がけてサーブを打つ。最初は1つのポイントへ1本、確実にねらえるようになったら、2本、3本と続けて打つ

●ステップ1

1つのターゲットに向けて3〜5本連続で打ち、連続で当てる。

●ステップ2

①→②→③の順番や、④→③→①の順番など、コースを変えて3本1セットとして打つ。これを様々な組み合わせで5セット行う。

? なぜ必要?

無意識でも正確に打てるように

連続で打つことで、1本1本の集中力が途切れやすくなりがちだが、無意識のなかでも正確に打てるようにすることが重要。ターゲットを数字などで分けると、目標が明確になりやすいだろう。

試合となれば、試合状況、会場の雰囲気や声など集中を妨げる様々な要因がある。どんな状況のなかでも正確に、ねらったコースに打てるようにしていこう。

Menu 008 スピード計測サーブ

> **主にねらう能力**
> (レーダーチャート: 体の使い方 / ミート感覚 / アプローチ・フットワーク / 状況判断 / ボールコントロール)
>
> 難易度 ★★★★☆
> 回数 10本-4本-4本

やり方

10本続けて「これが最高」と思える力でサーブを打ち、スピードガンで計測する。最高、最低速度を抜いた8本の平均速度を確認し、次はその球速を意識してコースはねらわずにサーブを打ち、4本連続でコートに入れる。最後に、その球速で別々のコースをねらって4本連続で打つ

＜例＞

①	98km/h	⑥	95km/h
②	104km/h	⑦	102km/h
③	92km/h	⑧	105km/h
④	96km/h	⑨	110km/h
⑤	100km/h	⑩	100km/h

平均 100km/h

→
① 100km/hを意識して4本連続サーブ（コースはねらわず）
② 100km/hを意識して4本連続サーブ（コースを打ち分ける）

❓ なぜ必要？

安定して最高のサーブを打てるようにする

10本続けて打つことで、自分の最高のサーブはどれくらいのスピードが出るのかを明確に数字で知ることができる。それを知ったら、今度はそのサーブを平均的に発揮できるようにすることに意識を向ける。なお、最高速度と最低速度を抜いて平均速度を割り出すのは、「たまたま出てしまった」可能性がある数値を除外するためだ。

Vリーグのアタックと
サーブをプレーの参考に

　会場で観戦する機会があればぜひ見てほしいのが、アタックとサーブ。特に近年は、V・プレミアリーグでプレーする外国人選手はポーランドやクロアチア、ブラジルなど各国の代表として活躍する選手ばかり。1本で得点につなげるサーブやスパイク、そのすごさをまずは体感してほしい。

　そして次はそのすごいサーブやスパイクのボールをコート内に上げている選手は誰かを探してみよう。打っている人もすごいが、それをコート内に返しているさらにすごい選手がいる。拾っている人はリベロなのか、セッターなのか、それともウィングスパイカーか、もしくはミドルブロッカーか。強打の行方に注目してみよう。

　さらにもう一段階バレーボールの見方を極めるならば、強打を上げたレシーブがどれぐらいの高さでセッターにつながっているかを見てみる。中学生や高校生の女子チームの中には、早くセッターに返そうと低いボールを返すチームも少なくないが、反対に少し高めに返して助走をする時間をつくるチームもある。どちらがいい、悪いとは言い切れず、自分たちのバレースタイルによって「このぐらいの高さがいい」というリズムがあるはず。そのタイミングや高さをトップ選手から学んでいこう。

第2章
ブロック

相手の攻撃を防ぐ最前線となるブロック。
相手のスパイクを直接的に防ぐことも大切だが、
味方のレシーバーが拾いやすいようにすることも大切。
本章では、基本的な構えから順にブロックの技術を磨いていく。

ブロックの役割

味方が相手の攻撃を拾いやすい状況をつくる

　相手のスパイクを豪快に止めるブロックは、一見すると華やかなプレーに見えるかもしれない。しかし、ブロックの役割は「相手のスパイクを止める」ことだけではなく、「相手のスパイクを塞ぐ」「相手の攻撃を防ぐ」ことだということを忘れてはならない。

　ブロックが誰もいない状態で相手に思い切りスパイクを打たれたと想像してみよう。おそらく、レシーブ力が非常に優れたレシーバーでも拾うことはできないだろう。ブロックがつくことで、相手のスパイカーに「このコースは決めさせないぞ」とプレッシャーを与えることになる。加えて、味方のレシーバーが少しでも相手の攻撃を拾いやすい状況をつくることができる。それがブロックの大きな役割なのだ。その点を意識して、ブロックの技術習得に臨んでほしい。

　まずは基本的な構えをしっかりと学び、ブロックのフォームをつくっていく。そこからステップの踏み方、そして2枚、3枚とブロックの枚数を増やしていくなかでの注意点を本章では解説していく。

ブロックの基本

基本的なブロックの姿勢を学ぶ

ねらい

≫主にねらう能力

難易度 ★☆☆☆

Menu 009 ブロックの構え

ブロック練習のスタートは正しく構えることから。正面だけでなく、どこから攻撃されてもスムーズに動いてすぐジャンプできることに加え、スパイクの威力に負けないような手の出し方を意識しよう

正面から

- 手のひらは前に向ける
- ネットに向かって正面に立つ
- 両足を肩幅に開く

横から

- 両ヒジ、両ヒザを軽く曲げる
- ネットとの間にボール1個分のスペースを空けて立つ

Extra

肩甲骨から動かす

ブロックをする際はただヒジを伸ばすだけでなく、肩甲骨から動かしてグッと前に出す。バンザイのように両手を真っ直ぐ上げるだけでは、相手のスパイクが当たっても弾かれてしまうことが多いので、手を前に出す時はネットに添わせて、ボールが当たる瞬間に親指と小指に力を入れよう。実際にブロック練習をはじめる前に、ウォーミングアップで肩甲骨を動かす運動をすると効果的だ。

ステップ

短い距離の移動の
ステップを学ぶ

ねらい

Menu **010** サイドステップ

》主にねらう能力

難易度 ★☆☆☆☆

正面だけでなく、右や左に移動してブロックに跳ぶ際、よりスムーズに動くために習得しなければならないのがステップだ。相手が攻撃してくるよりも早く移動し、より早く手を出してコースを塞ぐために、基本の構えができたら、次はステップを練習しよう

【左方向へのサイドステップ】

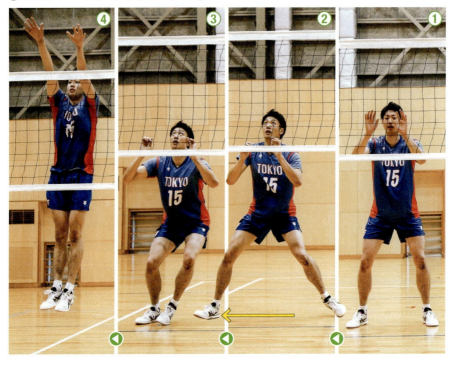

① ネットに正対し、両ヒジ、両ヒザを軽く曲げて立つ
② 移動する右方向へ一歩踏み出し、腰から移動する
③ もう片方の足も引き寄せて、両足でジャンプする
④ ネットに添うように両手を前に出し、手のひらを相手に向け、
　ボールが当たる瞬間に親指と小指に力を入れる

? なぜ必要?

より早く、よりスムーズに動く

Vリーグでは対戦チームのデータを取り、それぞれの選手が得意なコースや、よく攻撃をするパターンを事前に情報として頭に入れて戦っている。ブロックもそのデータをもとに跳ぶ位置を決めているのだが、相手のセッターは当然、ブロッカーを振ろうと別のコースへトスを上げてくる。より多くのブロックポイントをとるためには、相手と駆け引きをしながら、最適なポイントへより早く、よりスムーズに動く必要があるのだ。

【右方向へのサイドステップ】

! ポイント①
バタバタ動かない

短い距離を移動する際にはサイドステップも有効だ。ただし、ボールだけを追うのではなく、相手もしっかりと見ながら、バタバタ動かないことが大切になる。

! ポイント②
手を下げない

サイドステップの移動中も、手は上げたままで下げないようにする。下げてしまうと、ブロックの際に手が出しづらくなってしまう。

ステップ

長い距離の移動の
ステップを学ぶ

ねらい

Menu **011** クロスステップ

≫主にねらう能力

難易度 ★★☆☆☆

サイドステップの次はクロスステップ。移動距離が長いときは、クロスステップで移動しよう。1歩目は移動したい方向の足を出して、次に、反対側の足をクロスする。ネットに体を正対させたままジャンプしよう。

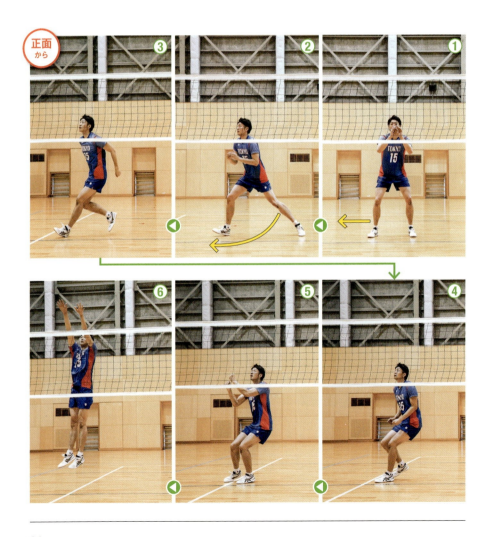

❌ ここに注意！

ステップのみならず手の出し方にも意識を向ける

ステップに意識をしっかりと向けつつ、上半身の動き、特に手の出し方にも注意が必要だ。よくありがちなのが、ジャンプして、ネットより高いところから手を降ろしてしまうこと。そうすると、上昇中の時間は相手の攻撃を防ぐことができず、動作に余計な時間がかかってしまっていることになる。理想は、白帯に沿うようにして手を出すこと。最初はネットにタッチしてしまっても良いので、白帯のスレスレから出す意識をもって練習してみよう。

① ネットに正対し、両ヒジ、両ヒザを軽く曲げて立つ
② 右足を踏み出す
③ 左足を右足の前でクロスさせて、大きく踏み込む
④ 右足を揃えて両足で踏み切る
⑤ 地面を蹴り、体はネットに正対させてジャンプする
⑥ 両手を前に出し、体が流れないように腹筋を締め、ボールが当たる瞬間に親指と小指に力を入れる

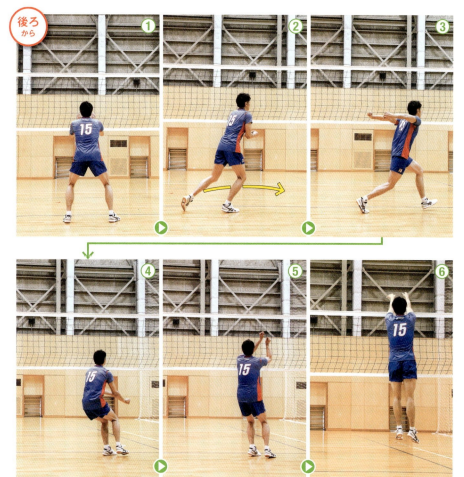

後ろから

複数枚ブロック

人数を増やしたブロックの基礎を学ぶ

Menu 012 2枚ブロック

≫主にねらう能力

難易度 ★★★☆☆

基本の構えやステップ、ジャンプができるようになったら、より実戦に近づけ、今度は2人、3人と人数を増やしたブロック練習へ移行する。サイド側で跳ぶ人、ミドルで跳ぶ人、それぞれが自分の跳ぶ位置を確認しながら、息を合わせてジャンプすることが大切だ。

【相手のライトからの攻撃に対する2枚ブロック】

▲レフト、センター、ライト、それぞれの守備位置で構える

▲トスが上がった方向にレフト、センターの選手がクロスステップで移動する

▲ブロックに跳ばないレフト側の選手は相手の攻撃をレシーブする準備をして構える

▲相手のアタッカーの前に2人が揃って踏み込み、タイミングを合わせて互いの腰と腰がつくぐらいの位置でジャンプする

⚠ ポイント
相手の攻撃を待つ

Vリーグでは多くのチームが、セッターがどこにトスを上げるかを見てから動く、リードブロックのシステムを採用している。相手が攻撃をしかけるまでは、コートの中央で待ち、トスが上がった方向を見て移動して、息を合わせてしっかりと跳ぶ。そのような実戦で最も多く用いられる2枚ブロックの基本をまずはマスターしよう。

✕ ここに注意!
コミュニケーションをしっかりと

1人のアタッカーに対して複数人のブロックがつくと、プレッシャーを与えることができるが、移動やジャンプが揃わなければ、間から打たれてしまったり、遅れて来た選手の上から打たれてしまったりする。それぞれが勝手に動いて勝手に跳ぶだけでは、相手の脅威にならないだけでなく、ケガをする恐れもあるので、練習から隣で跳ぶ選手とコミュニケーションを取り合おう。

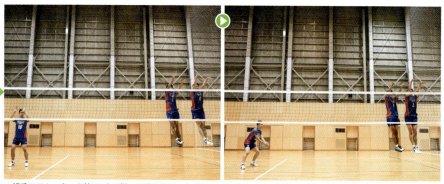

▲相手のアタッカーの前に2人が揃って踏み込み、タイミングを合わせて互いの腰と腰がつくぐらいの位置でジャンプする

▲ブロックに跳ばないライト側の選手は相手の攻撃をレシーブする準備をして構える

【相手のレフトからの攻撃に対する2枚ブロック】

▲トスが上がった方向に、ライト、センターの選手がクロスステップで移動する

▲レフト、センター、ライト、それぞれの守備位置で構える

複数枚ブロック

3枚ブロックを身につける

ねらい

Menu 013 3枚ブロック

≫主にねらう能力

体の使い方／ミート感覚／アプローチ・フットワーク／状況判断／ボールコントロール

難易度 ★★★

2枚ブロックの基礎を身につけたら、今度は3枚に増やす。枚数が増えることで相手へのプレッシャーもより増すので、強力なブロックとなる。センター線（クイック、バックアタック）からの攻撃に対する3枚ブロックをやってみよう。

▲レフト、センター、ライト、それぞれのポジションで構える

▲センターの選手の位置を基準とし、レフトの選手は右足、ライトの選手は左足を踏み出し、中央に寄る

▲3人が揃って、同じタイミングで地面を蹴り、ジャンプする

▲それぞれ手は前に出し、腹筋を締め、体が流れないようにする。隣にいる選手の腰と腰がつくぐらいの位置で密集して跳ぶ

❓ なぜ必要？

相手の攻撃の出所を確実に抑える

サーブで崩す、自チームの攻撃で崩すなど、相手のレシーブを乱すことができれば、トスを上げる選手というのは絞られてくる。確実にここから攻撃してくるという場所、つまり攻撃の出所がわかっているのであれば、より相手にプレッシャーをかけるために有効な3枚ブロックで守ろう。

相手の攻撃は制限されているのだから、確実に抑えたいところ。クイックやバックセンターからのバックアタック、サイドからの二段トスを打つ攻撃など、状況に合わせて武器となる3枚ブロックの威力を磨いていこう。

⚠️ ポイント①
手はしっかり前に出す

⚠️ ポイント②
腹筋を締め、体が流れないように

⚠️ ポイント③
腰と腰がつくぐらいの位置で跳ぶ

Q ブロックの際の位置取りのポイントは？

A 相手チームの攻撃パターンによって変わってくる

　２枚ブロック、３枚ブロックの場合、相手の攻撃パターンによってどの位置で構え、どこで跳ぶかが変わる。レフトからの攻撃が多いチームに対しては、ライト、センターの選手はややライト寄りに構え（写真左）、レフトの選手はライトやセンターの攻撃に備える。逆に、ライト側の攻撃が多いチームに対してはレフト、センターがややレフト寄りに構える（写真右）など、相手の攻撃によってバリエーションを加えるといいだろう。

▲ライト寄りに構える

▲レフト寄りに構える

Q 相手スパイカーのどの位置に合わせて跳べばいい？

A 相手の利き手の前に自分の外側の手を出そう

　たとえば相手が右利きの選手ならば、レフト、センターから打つ時は相手の右手の前に自分の右手を出す。ライトから打ってくる時は左手を出すのが基本だ。これは２枚ブロックの時も同じで、基本はレフトならば右手の前に右手、というポイントを覚えておこう。

▲この場合、スパイカーの右手の前に自分の左手を出す

ブロックの範囲はどんなふうに分担すればいい?

 コートの広さを考えてみよう

　バレーボールのコートは9m四方。つまり、ブロッカーが3枚で跳ぶならばそれぞれがブロックで塞ぐ範囲は単純に計算すると3m×3人、と考えることができる。

　1人1人の選手が右に1.5m、左に1.5mを確実に塞ぐことができれば、後ろの選手はそれだけ守りやすくなる。対戦相手によっては、1人のエースが何本も打ってくるというチームもあるだろう。そんなチームに対しては、その選手が得意なコースや不得意なコースを絞り込むこともできる。もしもレフト、ライトの両サイドから攻撃する時にストレートは打ってこない、というデータがあるなら、左右それぞれ50cmは空けても大丈夫、と考えることもできる。9m－50cm×2＝8m。8mを3人で守ることを物理的に考えれば、3人が3mずつを守るよりも範囲は狭められ、相手の攻撃を塞ぐチャンス、相手に与えるプレッシャーは大きくなるのだ。ブロックが強いチームというのは、こうした駆け引きが確実にできるチームと言える。

　ブロッカーを避けようと相手がスパイクミスをしたり、チャンスボールしか返さなくなればそれだけブロックが効いているということ。シャットアウトだけでなく、いかに相手を楽に攻撃させないか、という駆け引きもブロックの醍醐味だ。

ブロックの姿勢

ブロックの空中姿勢を体に染み込ませる

ねらい

Menu 014 台上ボールキャッチ

≫主にねらう能力

難易度 ★☆☆☆☆

やり方

1. ネットからボール1個分の高さに紐を張り、台上で2つのボールを持つ。ブロッカーはボールの位置を目で確認する
2. クロスステップで移動して、両手で2つのボールをつかむ

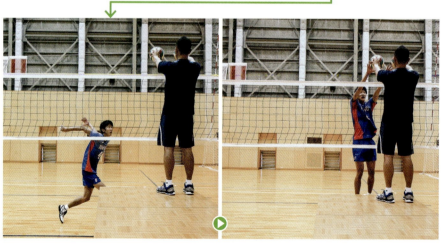

! ポイント

空中姿勢と着地点をつかむ

ただボールに触れるだけではなく、ボールをつかむ動作をすることで、ブロックの空中姿勢を確認することができる。手をしっかりと前に出すことが大切だ。空中姿勢の感覚を養うことに加えて、ネットとの位置関係や着地の場所などを確認するためにも効果的。

✕ ここに注意!

ボールから目を離さない

漠然とボールをつかみにいかないこと。実戦でのブロックの場面を常に意識して、キャッチする瞬間までボールから目を離してはいけない。

ブロックの姿勢

ブロックの基本姿勢を実戦でも崩さない

Menu 015 台上から打たれるボールをブロック

≫主にねらう能力
難易度 ★★☆☆☆

やり方

1. トスが上がり、アタックを打たれる場面を想定し、コート中央からレフト側へクロスステップで移動する
2. ボールを見ながら、台に乗ったスパイカーの右手の前に自分の右手が対面する位置でジャンプする
3. 両手を前に出し、ボールが当たる瞬間に親指と小指に力を入れてボールを止める

⚠ ポイント

基本姿勢を常に意識する

ボールキャッチで基本姿勢と、手の出し方のポイントをつかんだら、今度は実際に打たれるボールをブロックする練習をする。ボールキャッチの際と同様に、空中姿勢やジャンプする場所、手の出し方などを確認する。

Arrange
2枚、3枚ブロックでもやってみよう

1人で行ったら、次は2人で練習する。ボールキャッチの際と同様に、ボールから目を離さないこと、そして2人で息を合わせて相手スパイカーの前で踏み込んでジャンプすることが大切だ。3人で行う場合も、意識することはこれまでのブロック練習と同じだ。両手を前に出し、隣の選手と腰が当たるぐらいに近い距離で跳ぼう。その際、レフトの選手（写真では15番）の右手がアタッカーの右手の前に来る位置で構え、3人の間が開かないよう、息を合わせてジャンプすること。それぞれが跳ぶ位置、手を出す位置など、1人1人の空中姿勢はもちろん、3人が1つの壁として機能しているかも確認する。うまくいかない場合は、しっかりと話して修正すること。

【2枚ブロック】

【3枚ブロック】

column 勝負を分けるのは二段トス！

　バレーボールの勝敗を分けるポイントはいかに得点をあげるか。サーブレシーブから攻撃を決めるだけでなく、ブロックやレシーブで攻撃を防いで得点する回数が多ければ多いほど、相手をリードし勝利に近づくことができる。

　相手の攻撃を防ぎ、自分たちが得点をあげることを「ブレイク」と言うが、そのために大事なプレーが二段トス。強打をレシーブしたボールはセッターに返りにくく、コート後方や外からトスを上げなければならない。また、セッター以外の選手がトスを上げなければならない場面もある。つまり、1本目を上げて、2本目のつなぎでいかに正確に、スパイカーが打ちやすいトスを上げることができるかどうか。V・プレミアリーグの試合を見れば、二段トスの重要性もより明確にわかるはずだ。

　レシーブをした後にきちんとアタックまで行くか、行かないかが強いチームとの差であり、バレーボールの醍醐味は相手のアタックを拾って切り返して、ラリーを制した時に他ならない。ただ単に結果だけを見るのではなく、サーブレシーブからの攻撃がなぜ簡単に決まらなかったのか、どんなふうにラリーを制して勝ったのか、その理由を探してみよう。

第3章
ディグ

ラリーのなかでの相手のアタックに対するレシーブ、それがディグだ。
レシーブと言っても、サーブに対するレセプションとは
注意すべき点が異なる。ブロックとの位置関係なども考えながら、
ディグのスキルを高めていこう。

ディグの役割

役割を明確化し、ディフェンス力を高める

　バレーボールで試合に勝つためには、相手よりも1点でも多く取ること。そのためには、どうスパイクを決めるか、サーブで点を取るかということが大切なポイントではあるが、相手の攻撃を防ぎ、自分たちの攻撃につなげるディフェンス力も求められる。

　サーブに対するレセプションと異なり、ラリー中のディフェンスは短い時間の中で、どこで守り、誰が拾うかを明確にしなければならない。より完成度の高いディフェンス力をチームとして身につけるためには、個々のスキルアップはもちろんのこと、ブロックとディグがどのような連携を取れば効率よく相手の攻撃を防ぐことができるのか、といったことを選手たちが理解している必要がある。

　まずは強打に反応するための基本姿勢や動きを習得し、実戦のさまざまなシチュエーションを想定しながら、ブロッカーとの関係を構築し、個のディグ力、チームとしてのディフェンス力を高めよう。

強打と軟打の定義づけ

　相手の攻撃をレシーブする、と言っても、攻撃には種類がある。ここでは大きく「強打」と「軟打」に区分する。

▶ 強打

　強打は一般的に「スパイク」と言われる攻撃で、相手スパイカーがジャンプして、ネットよりも高い位置から鋭角に、直線的に打つボールのことをさす。加えて、プッシュと言われるややスピードをつけ、空いているスペースをねらったスパイクも強打の中に区分される。強打に対するレシーブは、動いて取りにいくのではなく、ボールが来るコースで待って動かずに取ることが基本。Ｖリーグでは、スパイクは150km/hというスピードで飛んでくるので、打たれてから移動しても間に合わない。強打のレシーブは構えた位置から届く範囲で、正面、左右のボールを確実に処理する。

▶ 軟打

　軟打はスパイカーがヒットした位置から一度上に上がるボール。ポンと触ってブロックの真後ろに落とすフェイントや、味方のブロッカーがワンタッチした後のボールのことをさす。ブロックの間に落とされたボール、ネットに当たって落ちるボールも軟打と区分する。軟打は自チームのディフェンス（ブロックまたはレシーブ）がいないエリアをねらって落とされることが多いので、素早く移動して拾う。ブロックに当たって後方に飛んできたボールの処理では、手をグーに握って当てるのではなく、手のひらを上にして手の面に当てることでコントロールする。

構え

ねらい 基本的なディグの方法を学ぶ

Menu **016** ディグの構え

≫主にねらう能力
- 体の使い方
- ボールコントロール
- ミート感覚
- 状況判断
- アプローチ・フットワーク

難易度 ★☆☆☆☆

やり方
強打と軟打、どちらのボールにも対応できるように、構える時は力を入れず、次の動きへスムーズに移れる姿勢で待とう

【基本の構え】

正面から

横から

ポイント
両足を肩幅に開き、両ヒザ、両ヒジを曲げ、手は軽く前に出す

【強打レシーブの構え】

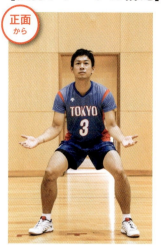
正面から

横から

! ポイント

両足を肩幅に開き、両ヒザ、両ヒジを曲げ、手の平を上にして手は体の外側に向ける。

【前方で守る際の構え】

正面から

横から

! ポイント

両足を肩幅に開き、両ヒザ、両ヒジを曲げ、両手は顔の横に置く。手のひらを相手に向ける。

👆 ワンポイントアドバイス

守る位置によって構えも変わる

レシーバーが3枚入る場合は、守る位置によって構えも変わる。前衛の選手はやや姿勢を高くして両手は上に、後衛、特にバックセンターの選手は姿勢を低く、両手は下に構える。

レシーブの基本

さまざまな打球の強打レシーブを身につける

ねらい

Menu 017 レシーブの基本練習

▶主にねらう能力

体の使い方／ミート感覚／アプローチ・フットワーク／状況判断／ボールコントロール

難易度 ★★★★★

やり方

構えた場所から動かずに、放たれた強打をレシーブする。正面だけでなく、右、左、下、上、片手とそれぞれシチュエーションを変えて行う

【正面の打球処理】

⚠ ポイント

両足を肩幅に開き、両ヒザ、両ヒジを曲げ、手は軽く前に出す。打球が来た方向に対して面をつくる。腕は振らずにボールを当てる。

【体の横での打球処理】

⚠ ポイント

両ヒジを伸ばし、打球の方向に対して面をつくる。右でレシーブする場合は右手に左手を添えるイメージで腕は振らずにボールを当てる。やや高い位置に来た打球に対しても、基本姿勢は変えずに両ヒジを伸ばし、打球の方向に対して面をつくる。左でレシーブする場合は左手に右手を添えるイメージで、腕は振らずにボールを当てる。

【低い位置での打球処理】

⚠ ポイント

肩幅に足を開き、打球の方向に向けて面をつくる。ヒザを曲げて重心を低くし、腕は振らずにボールを面に当てる。

【高い位置での打球処理】

⚠ ポイント

両ヒザ、両ヒジを軽く曲げ、手は胸の前に置く。手のひらを上に向け、顔の前でとらえて正面、上にボールを返す。

◀片手でレシーブする際も同様に、手のひらは上に向けてボールをコントロールする

❌ ここに注意！

手のひらは上向き

手のひらを上ではなく正面に向けて打球を処理しようとすると、ボールの勢いで手が弾かれてしまう。手のひらは正面ではなく上に向けるようにしよう。

レシーブの基本

軟打レシーブの基本を身につける

ねらい

Menu 018 軟打レシーブの基本練習

≫主にねらう能力

難易度 ★★★

やり方

放たれた軟打に対して、足を動かしてレシーブする。
床に落ちそうなボールをつなぐにはフライングレシーブを用いる

!ポイント

手のひらはグー

放たれた打球をしっかりと見ながら、足を動かして落下点に移動する。打球の高さは場合によって様々だが、ある程度の高さがあるボールに対しては、手のひらをパーにして開くのではなく、グーに握ってコントロールするようにしよう。レシーブに成功して打球がつながったら、両手を床につき胸から滑るように受け身をとって着地する。

✗ ここに注意！

間に合うボールはヒザを折り曲げて返球

フライングレシーブはギリギリの打球に間に合って拾える可能性が高まる反面、片手のためコントロールの精度は高くなく、また飛び込むため着地後から次の動作へも時間がかかり、ケガのリスクもある。フライングレシーブをせずに間に合うボールであるならば、極力、走ってボールの落下点に移動し、ヒザを折り曲げて返球するようにしよう。

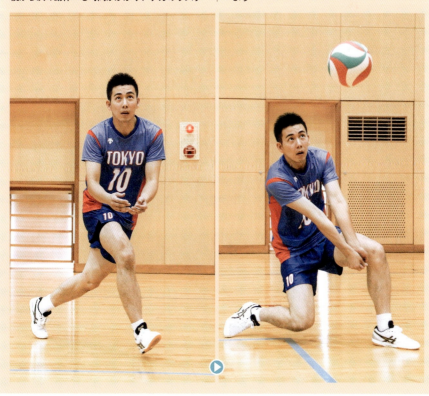

レシーブの基本

ねらい 素早い移動からのレシーブを身につける

Menu 019 ダッシュ&レシーブ

▶主にねらう能力

体の使い方 / ボールコントロール / ミート感覚 / 状況判断 / アプローチ・フットワーク

難易度 ★★★★★

やり方

構えた位置から二、三歩前や横に投げられたボールの落下点に素早く移動してレシーブする

正面から

⚠ ポイント

軟打処理も想定して練習する

構えた位置から打球が飛んだ方向を確認し、素早く落下点に移動する。落下点に入ったらヒザを深く曲げ、腕を振らずにボールを送り出そう。前のボールに対しても同様だ。基本的には強打を想定して行うが、フェイントやブロックに当たったボールなど、軟打処理も想定して練習しよう。

横から

56

レシーブの基本
正確に返すコントロール力を身につける

ねらい

Menu 020　対人レシーブ

≫主にねらう能力

難易度 ★★★

やり方

1. 2人1組で向かい合い、左側の選手が打つ
2. 右側の選手がレシーブし、高く返球する
3. 左側の選手は返って来たボールをオーバーハンドで受け、右側の選手がスパイクを打てる高さにトスを上げる
4. 右側の選手が左側の選手に向かって打つ。打つ、レシーブ、トス、打つ、という流れを繰り返し行う

⚠ ポイント　打つ技術とレシーブ技術の両方を磨く

打つほうはレシーバーに向けてコントロールしながら打つ技術、レシーブするほうは強打や軟打を後方に弾かず、前方へ正確に返すコントロール力を身につける。

レシーブの基本

正確に返すコントロール力を身につける

ねらい

Menu 021 3人組での対人レシーブ

≫主にねらう能力

難易度 ★★★★☆

やり方

Menu020の応用として、2人組から3人組へ人数を増やし、返球する位置を変えて行う。実際の試合ではスパイクを打たれた場所へ直接返すのではなく、その手前にいるセッターへ返すので、試合を想定し、打たれた位置よりも前にボールを返せるようコントロールする

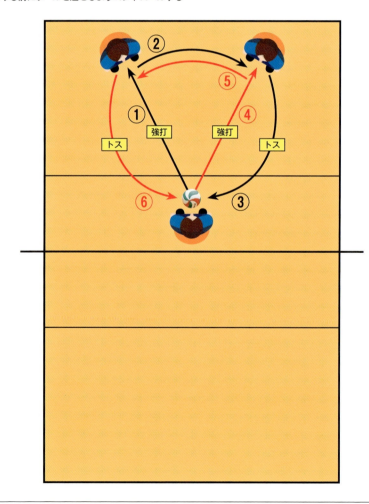

Level UP!
慣れてきたらバリエーションを増やす

打つ人、守る人、守る人と役割を分担し6mぐらいの間隔を空け、一方が打ち、もう一方はレシーブし、そのボールを真上に上げて、隣にいる守る人がトスをする。最初はどちらに打つ、と順番を決めておくとよいが、慣れて来たらどちらに打つかは決めず、左右両方で守る選手はどちらもレシーブする準備をして待つ。強打を正面に打ったり、少し左右にずらしたり、軟打を織り交ぜるなど攻撃パターンを変えるのも効果的。それら全てに反応してコントロールする。ベストは打つ人、守る人、全員が一歩も動かず練習ができるようになるのが望ましい

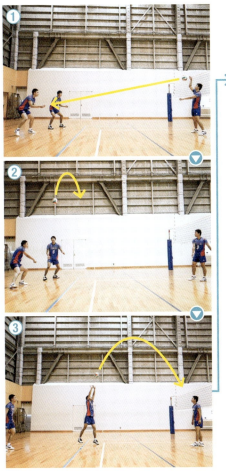

レシーブシステムを学ぼう

ブロックの枚数が変わればディグに入る人数も変わる。
ここでは、基本的なレシーブシステムの考え方を紹介する。

原則 1 「4人で守る」ことが基本

強打に対しては「4人で守る」ことを基本と考えよう。たとえばブロックが1枚ならば、ディグは3人、ブロックが2枚ならばディグは2人、ブロックが3枚ならばディグは1人、というように、ブロックとディグを足して4枚になるようにディフェンスシステムを整える。

原則 2 役割を明確化する

ブロッカーとレシーバーが全てのボールを止め、全てのボールを拾いにいくのではなく、ディグが複数入る場合にも、1人ひとりのディガーはどのエリアを守るのか、ブロッカーは右側を空けるのか、左側を空けるのかなど、相手のパターンによって守備範囲は曖昧にするのではなく細かく定めるとボールがつながりやすい。

◉ ブロックとディグの役割範囲の考え方

ディグはあらかじめ範囲を決めることがとても大切なので、考え方としては、まずコートを3分割し、さらに横にも3分割して3人のブロッカーが入ると想定する。白い台形のエリアはブロックで抑える場所、両端の緑色のエリアはディグで守る場所と区分し、コートの後ろ3mはディグで守るのが基本となる。

中でもバックセンター(図中のA)はレシーブ範囲が広くなるので、基本は赤の台形で示した位置を守ることになるが、この体系はチームによって守備が得意な人が入るローテーションはこう守る、といったように決まり事を定める。

強打に限らず軟打に対するディフェンスも同様で、ブロックが3人ならばディグは1人、ブロックが2人ならばディグは2人、ブロックが1人ならばディグは3人で守る。1人ひとりのディフェンスエリアがしっかり定まっていれば、相手は攻撃できないコースが増えてくるので、何でも全部に対応するのではなく、相手にどこへ攻撃させ、どの位置に攻撃させないか、ディフェンスの決まり事を明確にして守ることがポイントになる。

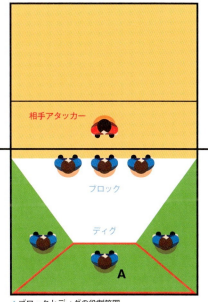
▲ブロックとディグの役割範囲

▲左から、ブロックが3枚、2枚、1枚のそれぞれのケース。決まり事を明確にして守ることが大切だ

ディグとブロックとの関係性を学ぼう

強打に対しては4人で守る。この約束事を定めたら、
具体的にどのエリアを誰が守るか、実戦形式の練習で確認しよう。

前頁で説明した通り、強打に対してはブロックとディグが合わせて4人で守るのが原則。図1のようにブロックが1人だったらディグは3人として、選手A、Bはブロックの後ろやディフェンスとの間に落とされるフェイントボール、ブロックに当たったボールを処理するように構える。図2のようにブロックが2人の場合はディグが2人。選手A、Bが軟打に備えて準備する。さらに図3のようにブロックが3人なら

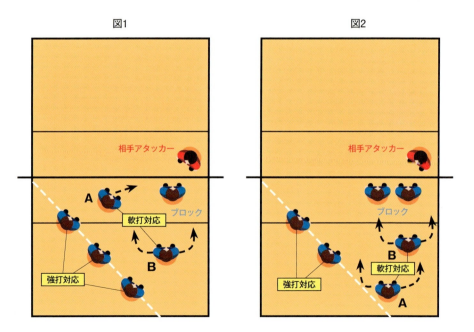

ばディグは1人。選手A、Bは左右の軟打やワンタッチボールの処理をする。このシステムを徹底すると、相手のスパイクに対して効率良く守れるはずだ。

また、打球に対する体の向きにも注意しよう。正面からサーブの打球が飛んでくるレセプションの際にはネットと正対して立つが、ディグに入る際は、ネットに正対するのではなくアタッカーと正対すること。正面を見るのではなく、相手レフト側から攻撃された場合、やや斜めを向いてボールを待つようにしよう。

ディグの基本は打たれた場所よりも短い距離にボールを返すことなので、打たれた方向へ大きなボールを返球しないこと。図4のようにディグが3枚並ぶ際は、お互いが自分の右側のボールに反応すれば、万が一ボールを弾いてしまったとしても、対応できる範囲は広くなるので、ボールがつながる確率が増える。自チームで使えるゾーンと、使えないゾーンを認識し、相手の強打もどの位置にボールを上げればつなぎやすいかを考えながらプレーしよう。

図3

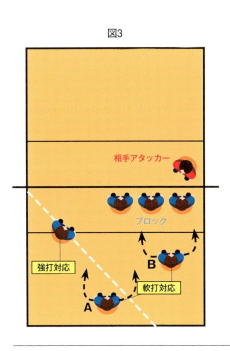

図4

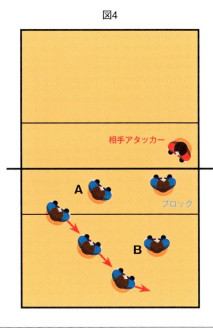

column

バレーボール選手になるためには何が必要？

　体力や技術、バレーボール選手になるためにはいくつもの要素が必要ではあるが、意外と気づかない大事なポイント。それは勉強。バレーボールを学ぶことも含め、多くの知識を得ることだ。

　中学生や高校生であるならば、バレーボール選手としてどれだけ優れていたとしても、ベースとなるのは学業だ。どうしても部活に一生懸命になりすぎると勉強を疎かにしてしまう、という人もいるかもしれないが、学生のうちに学ばなければならないことがいくつもあることを忘れてはならない。

　もしも学生時代にバレーボールばかりに一生懸命で、全く勉強しないまま超一流の選手になったとして、海外でプレーすることを想像してみよう。バレーボールばかりがうまくても、語学力がなければ周囲とのコミュニケーションは取れないし、海外の選手から日本について聞かれた時に正確な答えを伝えるために日本語や日本の文化、歴史も知っておかなければならない。バレーボールを極めるのも悪いことではないが、学ぶべきことをしっかり学ぶ。それができるのが学生時代なのだ。

第4章
トランジションセット

自軍のサーブから相手の攻撃を受け、そこから自分たちの攻撃を行う。
ラリーのなかでの攻守の切り替わり（トランジション）で
いかに正確なセットを行うか、
本章ではその対応を解説していく。

トランジションセットの役割

攻守の切り替わりで慌てずに対応する

　自チームがサーブを打ち、相手の攻撃を防いで、今度は自分たちが得点するために攻撃する。ラリー中に攻守が切り替わることを「トランジション」、トランジションからの攻撃を「トランジションアタック」と言う。

　ラリーポイントのバレーボールではいかに相手の攻撃を防ぎ、トランジションから得点し、ブレイクを取ることができるかが勝敗を決める大きなポイントであるのは間違いない。ブロッカーがワンタッチしたボールや、相手のスパイクをレシーブしたボールなど、つながったボールをいかに攻撃へつなげるか。そのための起点となるのが、セットだ。

　レセプションから攻撃をする際は、セッターは定位置で構え、多少返球がずれたとしてもネット際から動くことができるが、ディグアタックの場合、セッターがブロックに跳んだ後にセットする場面もあれば、相手の強打やフェイントをディフェンスしようとレシーブのポジションから前方に走ってセットするなど、さまざまな状況がある。

　攻守が目まぐるしく切り替わるなかで、いかにチャンスをつかむか。そのためのまず大きなポイントは「慌てない」こと。たとえばブロックに跳んでからセットをする場合は、ジャンプして、着地して、振り返った時にはボールは上がっていて、そのボールをつなげなければならず、しかもただつなげるだけでな

くスパイカーが打ちやすい位置やタイミングでセットをしなければならない。その状況がセッターを焦らせ、ミスが生まれることも少なくない。まずは慌てずに、ボールの下に入ってから状況を読み、アンダーを使うかオーバーを使うかを考えること。実戦形式の練習も織り交ぜながら、アタッカーとのコミュニケーションも図り、セットのタイミングやコツをつかもう。

Menu 022 レシーブ位置から移動してのセット

≫主にねらう能力

難易度 ★★★★☆

やり方

1. レシーブするポジションから、ボールの行方を確認する
2. ボールの位置、パスの軌道や、アタッカーの助走コースを確認しながら落下点に向けて移動する
3. 落下点に入ったら左足を前にして止まる
4. 手の力だけでなく、ヒザを曲げ体の力をうまく使ってセットの準備をする
5. 高い位置でボールをとらえ、スパイカーの打ちやすい高さへセットする

レシーブの位置からスタート

左足が前

❌ ここに注意!

慌てずに落ち着いて上げること

セッターの選手はバックライトの位置でレシーブすることが試合中は多く、レシーブで構えた位置からのセットは、ブロック後方からボールの落下点まで素早く移動するために走って動かなければならない。そのため、動きが慌ただしくなりがちだ。移動しながらバタバタと上げるのではなく、まずしっかりとボールの落下点に入ることを意識して、入ったら慌てることなく、真っ直ぐスパイカーへ向けて上げられる状況をつくることを心がけよう。移動している間に、ボールの位置やパスの軌道、スパイカーの助走のコースを確認しておくことも大切になってくる。

≫主にねらう能力	
難易度	★★★★★

Menu 023 レシーブ位置から移動してのジャンプセット

やり方

1. レシーブするポジションから、ボールの行方を確認する
2. ボールの位置、パスの軌道や、アタッカーの助走コースを確認しながら落下点に向けて移動する
3. スパイカーの攻撃準備が整っていることを確認したら、より高い位置でセットするためにジャンプする
4. 左足、胸はレフトの方向へ向ける
5. 空中で姿勢がぶれないようにキープする
6. 両手でしっかりボールをとらえ、スパイカーが打ちやすい高さ、タイミングでセットする

レシーブの位置からスタート

ミニハードルを飛び越えるイメージ

ワンポイントアドバイス

ミニハードルを飛び越えるイメージでジャンプ

Menu022の動きのように、ジャンプせずに素早く落下地点に入ってセットするほうがより正確なボールを上げることができるが、アタッカーの準備が素早く整っている場合や、移動が間に合わない時はアタックラインから踏み切ってジャンプセットをする。セッターが1本目に触った後、リベロがオーバーでセットする際にも活用できる動きだ。ジャンプする際には、目の前にミニハードルのような障害物があり、それを飛び越えるイメージでジャンプしてセットする。ジャンプをしないセットの時と同様、移動しながらボールの行方だけでなく周囲の状況を確認し、ベストなセットを上げるための情報を入れるようにしよう。

さまざまなセット

ブロックからのセットの動きを身につける

ねらい

Menu 024 ブロックに跳んでからのセット

≫主にねらう能力

難易度 ★★★★☆

やり方

1. ブロックに跳ぶ
2. 着地と同時に振り返り、ボールの行方を確認する
3. ボールの落下点に向けて移動する
4. ボールの下に入ったら、左足、胸をレフトの方向へ向ける
5. 高い位置でボールをとらえ、スパイカーの打ちやすい高さへセットする

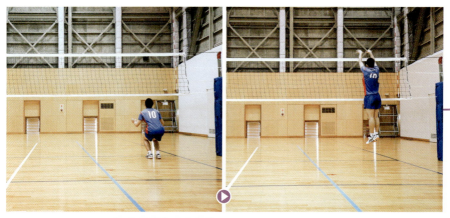

!ポイント
オーバー、アンダーを使い分ける

ボールがつながったラリーの状況でのセットなので、レセプションからの攻撃時と異なり、セッターは止まった状況で構えて待つことができない。ブロックの後、レシーブのポジションから、どのような状況であっても、基本はボールの下に入ってオーバーを使う。

ただし、ボールの落下点に入る前に自分の頭よりも下にボールがきていたらアンダーで上げることもある。移動が間に合わなかったり、後方に弾いたボールをセットする際は後方からジャンプしてセットすることもある。どんな状況でも、できるだけ左足と胸がレフトの方向に向けることがポイントになる。

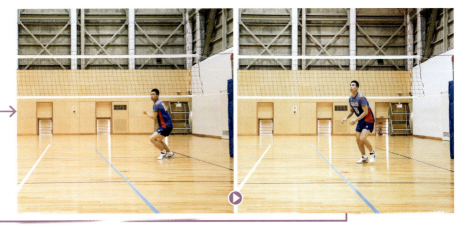

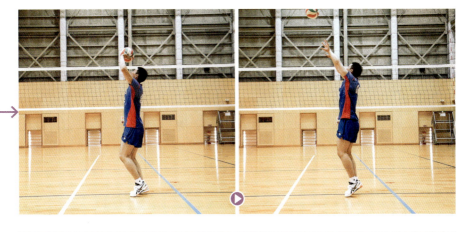

さまざまなセット

ブロックからのジャンプセットの動きを身につける

ねらい

Menu 025　ブロックに跳んでからのジャンプセット

≫主にねらう能力

難易度 ★★★★★

やり方

1. ブロックに跳ぶ
2. 着地と同時に振り返り、ボールの行方を確認する
3. ボールの落下点に向けて移動する
4. スパイカーが攻撃準備をできていることが確認できたら、素早くセットの体勢に入り、ジャンプする
5. 右足で踏み切り、高い位置でボールをとらえる
6. スパイカーの打ちやすい位置、タイミングでボールをセットする

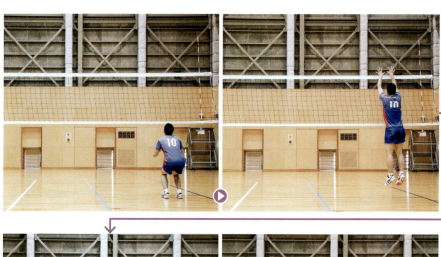

なぜ必要？

素早い攻撃につなげることができる

ラリー中は相手も準備が万全な状況ではない。そのため、相手の守備態勢が整うよりも速く攻撃を仕掛けることができれば得点を奪うチャンスは広がる。レシーブからのセットと同様に、ブロックの着地からすぐさまスパイカーの準備が整っているかを確認し、ジャンプセットで素早く攻撃につなげていこう。

ただし、ミスには注意しよう。ブロックに跳んでからすぐに移動し、再び跳ぶことで空中姿勢はさらに乱れやすく、ドリブルなどのミスも生じやすい状況となる。基本はこれまで説明してきたセットの方法と変わらず、ボールを送り出したい方向に体を向けること。手だけを使ってボールを上げるのではなく全身の力を使ってボールを上げることも大切だ。

さまざまなセット

ハイセットを身につける

ねらい

Menu **026** オーバーでのハイセット

≫主にねらう能力

難易度 ★★★☆☆

やり方

1. 後方から投げてもらう
2. ボールの軌道を確認しながら落下点に移動する
3. 体を反転させながら胸をレフトに向ける
4. ボールの落下点に入ったらヒザを曲げる
5. 体の力を使ってセットする。高さを出してスパイカーが打ちやすい位置へ上げる

なぜ必要？

誰でもセットできるように

トランジションからの攻撃時は、相手の強打をセッターがレシーブする場合や、相手がチャンスボールを返す際、わざとセッターをねらって返球することも多く、必ずセッターがセットできるとは限らない。

セッターが1本目に触り、セットできない時にはウィングスパイカーやミドルブロッカー、リベロなどポジションに関係なく他の選手がセットをし、攻撃につなげなければならない。上げる場所も限られることが多く、相手にブロックやレシーブの準備が整えられる苦しい状況ではあるが、そこでスパイカーが打ち切り、ブレイクポイントを取るとチームに勢いが生まれる。不十分な体勢や状況からでも、スパイカーが打ちやすいハイセットを上げられるように、ポジションに関わらず練習をしよう。

ここに注意！

手だけで上げないように

ボールの下に入らずに、手だけでトスを上げてしまうと安定して高いトスを上げることはできない。

さまざまなセット
バックトスを身につける

Menu 027 バックトス

≫主にねらう能力

難易度 ★★★★☆

やり方
1. 前方から投げてもらう
2. ボールの軌道を確認しながら落下点に移動する
3. セットする方向に背中を向ける
4. 落下点に入り、ボールの下でとらえる
5. 背中を反りすぎず、両ヒジは曲げずに真後ろへ高くボールを上げる

！ポイント

手先だけで上げないように

Menu026のレフト方向へのトスと比べて、スパイカーが見えない状況で上げるバックトスは難しいが、レシーブしたボールがコート外へ飛んでいき、そのボールを攻撃につなげる際はバックトスが多く用いられる。早くボールを送り出そうとすると焦って手先だけで上げてしまいがちだが、しっかりボールの下に入るという基本は変わらず、真後ろに両ヒジを伸ばして高く上げるイメージで練習しよう。

✕ ここに注意！

背中を反り返りすぎない

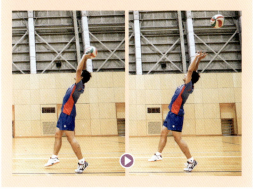

トスの基本

アンダートスの基本を覚える

ねらい

Menu 028 アンダートス①

≫主にねらう能力

難易度 ★★★☆☆

やり方

ボールを投げてもらい、落下点へ移動する。レフトの方向へ向けて面をつくって、しっかりヒザを曲げて、レフトの方向へボールを送り出す。

面をつくる

? なぜ必要?

低い位置から確実にトスを上げる

ボールの落下点に入る前に頭よりも下の位置に返球されていたり、回転がかかり、オーバーでセットする際にミスを招きやすい状況の時は、より確実な方法としてアンダーを使う。離れた位置からのハイセットでも用いられることが多いので、パスと同様に、強く出すのではなく、次に打つ人がつなげやすい軌道や回転でボールを送り出すことを意識する。

トスの基本

アンダートスの基本を覚える

ねらい

Menu 029　アンダートス②

▶主にねらう能力

難易度 ★★★

やり方

ボールを投げてもらい、まずはレフトへ向けてアンダーでトスを上げる。次に同じ位置からスタートし、ライト方向へボールを投げてもらう。体はライトを向いた状態から、真後ろへボールを上げるイメージで面をレフト方向へ向け、アンダーでバックトスを上げる。

●近い位置からアンダーでレフトへのトス

●アンダーでバックトス

腕を振らない！

! ポイント　緩やかなドライブ回転をかける

アンダーでのセットのポイントは上げる方向に面を向けること。回転したボールの処理をする際は、回転をなくしてきれいに返そうとしすぎてしまうが、無回転ではボールが空気抵抗を受けて揺れてしまうこともある。打ちやすい軌道で届くよう、少しドライブ回転をかけるようにして、面を向けて真っ直ぐに送り出すことを意識しよう。

トスの軌道を確認しよう

● フワリと放物線を描く軌道が理想

　これまでも説明したように、トランジションからのセットはボールが動き、攻守が目まぐるしく入れ替わる慌ただしい場面で行わなければならない。決して万全な状況ではないが、そこでどれだけスパイカーが打ちやすいトスを上げられるか、セットの軌道はとても大切なポイントになる。

　1本1本、体をどのように使えばどういう軌道で跳んでいくのかを確認して、ネットに近くなる場合や、ネットから離れていく場合、低くなる時や高くなる時など、軌道をしっかり把握し、スパイカーまでフワリと放物線を描くような真っ直ぐな軌道でボールを出せるように意識する。

▲放物線を描くような真っ直ぐな軌道でスパイカーの打ちやすい高さに飛んで行くのが正しい軌道。ネットに近すぎず、高さもあるのでスパイカーが打ちやすくそれだけ得点チャンスにつながる

▲左ヒジが曲がり、右ヒジだけが伸びているため軌道も真っ直ぐではなく、左に傾いてしまう。足の向きも斜めになり体を捻ってしまうとボールの軌道も乱れる。余分なひねりを加えず真っ直ぐ送り出すのがポイント

遠い位置からのセットは、体のひねりを加えてしまったり、手の力に頼ろうとしてしまいやすく、軌道が乱れがち。

セットが乱れた際にはスパイカーに合わせてもらうことも必要だが、「トスが割れる」「トスが近い」など、スパイカーの助走コースやスパイクヒットするポイントで語られることが多いため、セッターが修正しなければならない場面は多分にある。

とはいえ、セッターは縁の下の力持ちではない。あくまでも、バレーはセッターが主役。セット次第で試合やスパイカーの調子が変わることをプラスに捉えて練習しよう。

さまざまなセット

ハイセットの精度を高める

ねらい

Menu 030 レフト、ライトへハイセット

>> 主にねらう能力

難易度 ★★★☆☆

やり方

1. ネット際から投げられるボールの落下点に入る
2. 位置を確認しながら移動し、セットする方向を決める
3. レフト、ライトとそれぞれネットの近くにスパイカーに見立てた選手が入り、上げたい方向へ向けセットする（写真ではライト方向）
4. ライトだけでなくレフトも織り交ぜセットする。ボールを投げる人は前後や左右など飛ばす位置を工夫する

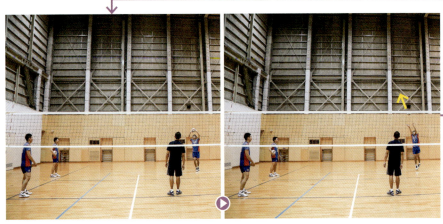

なぜ必要？

不利な状況を打開する力をつけ攻撃の幅を広げる

通常はセッターがトスを上げるのが基本だが、セッター以外の選手が正確にセットして、レフト、ライトと両サイドを幅広く使うことができれば攻撃の幅は広がる。どこからでもトスが上がる可能性があると、相手のブロッカーはマークしにくくなるのだ。一見不利な状況を打開する力を身につけよう。

ポイント

さまざまな組み合わせでやろう

ネット際から投げられるボールを、レフト、ライト、センターへそれぞれ10本ずつセットする。時間は制限せず、同じコースに10本連続、3コースそれぞれに上げたら1セット、など組み合わせを変えて練習すると効果的。

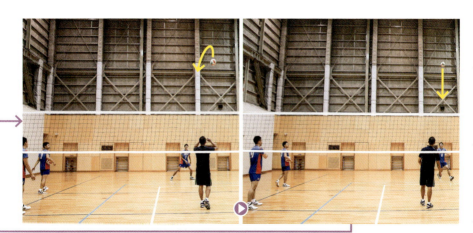

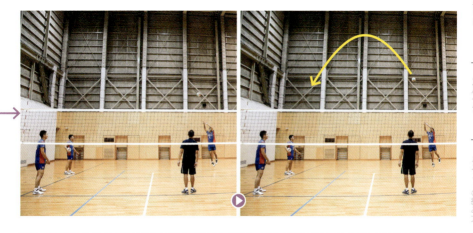

トスの基本

ねらい ボールの落下地点を見極める

Menu 031 ボールトラップ

≫主にねらう能力

難易度 ★☆☆☆☆

やり方

遠くから投げられたボールに対して、落下地点に素早く入り、サッカーのように胸でトラップする。投げる位置は適宜変えて繰り返す

⚠ ポイント　落下地点をつかむために最適

トランジションからのセットやハイセットは、ボールの落下点にしっかり入ることが最も大切。なかなかうまくできない場合は、いきなりパスの練習からスタートするのではなく、遠くから投げられたボールの落下点を見ながら、下に入り、胸でトラップする練習を投げる位置を変えながら繰り返しやってみよう。

第5章
ディグアタック

4章では、ラリーのなかでいかにして正確なセットを行うかを解説した。本章では、それを得点につなげるために必要な攻撃のスキルを身につける。相手のブロックや守備体勢を観察して、確実な攻撃を仕掛けていこう。

ディグアタックとは？

攻撃を受けてからの攻撃を制する

　自チームのサーブからはじまったラリーを制して得点にすればより勝利に近づく。そのためには、いかにラリー中のスパイク＝ディグアタックを決めることができるかがカギになる。相手のサーブを受けるレセプションからの攻撃時と異なり、攻撃側も守備側も十分な準備ができていない状況でスパイクを打たなければならない。

　短時間で攻防が繰り返されるなか、確実に得点を取るためには相手ブロッカーやレシーバーの位置を観察することが大切になってくる。相手を見て、スパイクを打つのか、打たないのか。打つならばどこに打つのか。ディグアタックでは正しい状況判断が求められるのだ。

　レセプションアタックではなく、ディグアタックは相手の攻撃を受けてからの攻撃なので、最初のプレーよりもバタバタしている状態ではじまる。必然的に高いトスになる場面が増え、相手のブロックも揃いやすい。そこで攻撃するための準備時間をしっかり作るためには、まずは1本目のパスを高く上げること。セットもアタッカーの準備ができていない状況が多いことを考え、少し高めに上げるよう意識する。

　パスの高さやタイミング、セットの高さなどを日頃の練習から確認し、このタイミングなら攻撃ができる、という感覚をチーム内でお互いに共有しておこう。

　相手のディフェンスの準備も整っ

てしまうが、ブロックが完成する前に打とうと、速いトスを上げると、スパイカーは打つ準備ができていないので速いトスを打ち切れない。相手のディフェンスを意識しすぎるのではなく、そのアタッカーが一番打ち切れるいい状態で上げることを意識しよう。

以下は、ディグアタックを行うときの判断のフロー図だ。まず必要なのは、状況観察。相手をしっかりと見て、頭のなかに情報を入れること。次に、スパイクを打つのか、打たないのかを決める。相手のブロッカー、ディガーの位置関係から、ストレートかクロスか打つべきコースを判断する。さらに、ブロックの間を抜いて打ち込むのか、ブロックに当ててブロックアウトをねらうのかを決めていこう。

もしブロックが揃っていてスパイクが打てないようであれば、フェイントで相手のいないところへ落とす、あるいはブロックに当ててリバウンドを拾い、攻撃を立て直すという判断が必要になってくる。

これらの判断を、ラリー中の慌ただしいなかで行うのは決して容易なことではないが、本章の解説を参考にして身につけていってほしい。

●アタックの判断フロー

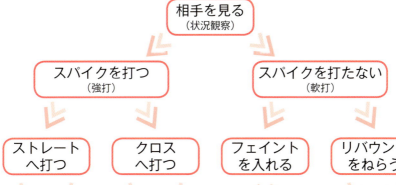

ディグアタックの基本

相手を観察して攻撃する意識を磨く

Menu 032　レフトからのディグアタック

≫主にねらう能力

難易度 ★★★☆☆

やり方

相手のブロックを見ながら、助走をスタートする。バックスイングはあまり大きく取らず、助走の歩幅を合わせボールの落下点に入る。ブロッカーの跳ぶ位置、手を出す場所を確認しながら打つ。中央に跳ぶブロッカーが低い場合はクロス、サイドラインに跳ぶブロッカーが低い場合はストレートにコースを打ち分ける

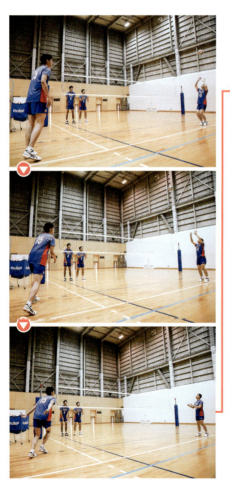

⚠️ ポイント
相手を観察する

ディグアタックの最初のポイントは観察。相手を「見る」ということ。相手のブロックの位置を見て、できればディフェンス（レシーバー）の位置も見て、打つ、打たないを決める。打てると判断したら強く打つのか、弱く打つのか。クロスに打つのか、ストレートに打つのかを選択する。

このケースは前衛レフトからのディグアタック。二段トスからの攻撃を想定し、2枚以上ブロックがつくことが多い場面で、どちらのブロッカーが低いのか、どのコースへ打てば決まる確率が高いか、スパイク動作に入る前、さらに空中でレシーバーの位置を確認して攻撃する。

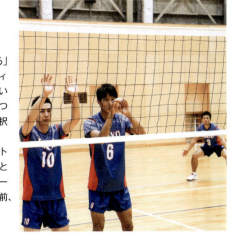

ディグアタックの基本

相手を観察して攻撃する意識を磨く

ねらい

Menu 033 ライトからのディグアタック

▶主にねらう能力

難易度 ★★★☆☆

やり方

コートの外側から助走をスタート。トスが上がる位置を確認しながら、ボールの落下点に入る。左肩を少し前に出すようにジャンプして、最も高い位置でボールをヒットできるように、スイングをとりスパイク動作に入る。クロスへ打つ時はそのまま腕を振り切り、ストレートに打つ時は肩をひねる

? なぜ必要？

相手に攻撃体勢をとらせない

前衛ライトからのディグアタックはレフトの時と同様に、高いトスを打つケースが多く、相手のブロックが揃った状況で打たなければならない。右利きの選手は左から上がってくるボールを見て打たなければならないため、レフトからのスパイクに比べて打ちづらさを感じることもあるが、コートの外から助走するなど、入り方を工夫すればボールも見えやすくなる。

ライトからクロスに打てば、相手のセッター、またはオポジットの選手が守ることが多く、セッターがレシーブすれば相手はセッター以外の選手がトスを上げることになり、オポジットにレシーブさせれば攻撃に入るまで十分な体勢がつくれないことも増える。つまり自チームのチャンスを広げるためにはライトからのディグアタックを攻撃のパターンに組み込むと相手を崩しやすくなり、得点チャンスも広がるということだ。

不慣れなうちはライトから助走に入りボールの下に入る感覚、ジャンプして高い位置でボールを取る練習からはじめるとよい。

ブロックアウト

ブロックに当てて外に出す技術を磨く

ねらい

Menu 034 ブロックアウト

≫主にねらう能力

難易度 ★★★★★

やり方

トスに対して歩数を合わせボールの落下点に入る。相手のブロッカーの動きを観察しながら、スパイク動作に入る。相手のストレート側のブロッカーの右手に当てて、ボールをコート外に出す。または、クロスのブロックアウトをねらう際は中央のブロッカーの左手をねらう

? なぜ必要？

強固なブロックに対して有効

相手が強固なブロックを行いブロックの間や横を抜くスペースがなければ、ブロッカーに当ててボールを外に出す、「ブロックアウト」が効果的だ。ストレート側に跳ぶブロッカーの右手、またはクロス側に跳ぶ選手の左手をねらい、コート後方、またはコートの横など相手レシーバーが取れない位置をねらって打とう。

! ポイント

ねらう位置を明確にして隙を伺う

クロスにブロックアウトを打つ時は、中央側のブロッカーの左手をねらってボールを飛ばす。ストレートの時はストレート側の右手をねらう。相手ブロッカーがクロス側を塞いできたらストレートコースが空き、ストレートのブロックアウトがねらいやすくなり、逆にストレートを塞いできたらクロスがねらいやすくなる。相手の状況を見ながら攻撃する場所を決めよう。

フェイント

ブロックの真後ろに落とす技術を身につける

ねらい

Menu **035** フェイント

» 主にねらう能力

体の使い方／ボールコントロール／ミート感覚／状況判断／アプローチ・フットワーク

難易度 ★★★★☆

やり方

相手ブロックを見ながら助走に入り、強打と同じフォームでスイング、スパイク体勢に入る。指先にボールを乗せるイメージでヒットし、空いているスペースに落とす。フェイントを落とす場所はブロッカーの手が届かず、レシーバーが追いつけないスペースをねらう。ブロッカーの真後ろに落ちるボールは取りにくく効果的なので繰り返し練習して感覚を身につける

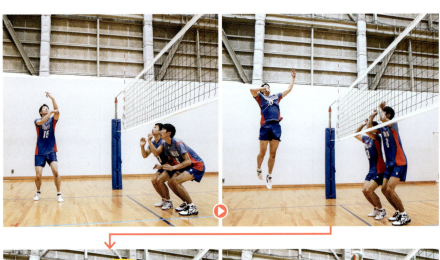

なぜ必要？

ブロッカーの真裏を突く

相手のブロッカーの高さ、枚数が揃っている時はブロックの真後ろに落とすフェイントが効果的。強打とフェイントのフォームが大きく変わると相手に読まれてしまい、せっかくフェイントを落としてもレシーバーが入り、効果はなくなる。できるだけ同じフォームで入り、ボールヒットの瞬間で打ち分ける。強打を打つときには手首のスナップを利用して振り抜くが、フェイントは指先にボールを乗せて軽く置くイメージで空いているスペースにボールを落とす。

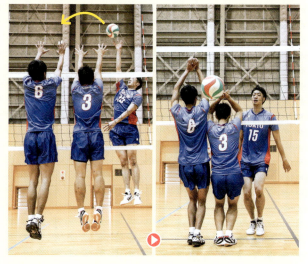

ワンポイントアドバイス

相手にわかりづらいフォームで

ボールを打つ際には、強打と軟打で打ち方やフォームを変えずに行う意識を持とう。助走から同じフォームで入り、ボールヒットのタイミングで強打か軟打かを打ち分ける。軟打はボールの威力がないぶん、相手に読まれて拾われるとチャンスを与えることになってしまうので注意。

プッシュ

ブロックとコートエンドの間に落とす技術を身につける

Menu 036 プッシュ

≫主にねらう能力
難易度 ★★★★☆

やり方

相手ブロックを見ながら助走に入り、スイングしてスパイク動作に入る。ボールの落下点に入って、手のひらでボールを前に押し出すイメージでヒットする。ボールの軌道は上から下ではなく、下から上、ブロッカーの指先に触るか触らないか、という位置をねらう

❓ なぜ必要？

コートエンドをねらって落とす

相手がブロッカーの真ろろでフェイントを警戒している場合は、そのまま落とすのではなく、フェイントを拾おうと前に構えているレシーバーのさらに後ろ、コートエンドをねらってボールを落とす。フェイントのように真下に落とすのではなく、ボールヒットの瞬間に手のひらで押すイメージで、ブロッカーが届かず、レシーバーも届かないスペースへ確実にコントロールする。

手のひらで押す

リバウンド

リバウンドで体勢を立て直す

ねらい

Menu **037** リバウンド

》主にねらう能力

難易度 ★★★★☆

やり方

相手のブロックを見ながら助走に入る。ブロックが揃い、ディフェンスが整っている場合は無理に打ちにいかず、相手ブロックに当てるよう空中でコントロールする。ブロッカーの手のひらに、水平にボールを当てる。チャンスボールを自チームに返すよう正面に当て、返ってきたボールが自分で拾える位置ならばレシーブしてすぐ攻撃に入る

なぜ必要？

無理せず体勢を立て直す

相手のブロック、レシーブ、ディフェンスの体勢がしっかり揃っている時は無理に勝負をせず、相手ブロッカーに当てて自チームにチャンスボールを返す。あまり弱すぎると相手のブロッカーにそのまま叩き落されてしまうこともあるので、相手のブロックに当たってもブロックポイントにならないように、打球はやや強めに叩く。

自チームのコートに戻ってきたボールは、ブロクフォローの選手に取らせるだけでなく、自分でレシーブして再び攻撃に入ると、より速く次の動作に移ることができ、早いタイミングで得点チャンスが生まれることになる。1本で決まらないときや、相手ブロックに高さある場合はリバウンドで粘ってつなぎ、ブロックが遅れたり、レシーバーが位置を変えたりするタイミングを逃さず攻撃する。

ワンポイントアドバイス

ボールの高さによって対応を変える

ブロッカーにボールを当てたあと、返ってくるボールの質によって次の対応は異なる。返ってきたボールが自分で拾える位置ならばレシーブしてすぐ攻撃に入る。打球が高く返ってきた場合はオーバーハンドで取って攻撃準備に入る。ネットすれすれのボールは、自チームのコート中央に高めにあげ、すぐ攻撃準備に入る。

▲高い打球ならオーバーハンドで取る

▲自分で拾える位置ならばレシーブする

▲ネットすれすれならコート中央にあげる

ディグアタックの実践

ディグアタックの感覚を身につける

ねらい

Menu **038** ディグアタック実戦練習

》主にねらう能力

難易度 ★★★☆☆

やり方

コート後方からトスを上げてもらい、真後ろから来るボールを打つ。相手としてブロック、レシーブを入れ、強打が打てるのであれば打ち、打てなければリバウンドやフェイントでつなぐ

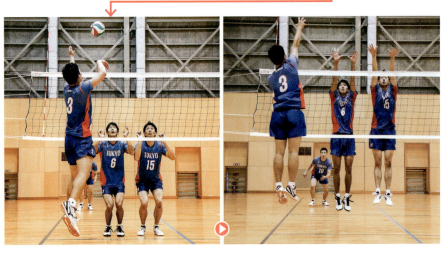

なぜ必要？

助走は短めに取るようにする

ディグアタックを打つ時のスパイカーは、普段と違う、高いトスを打つことが多いために合わせるポイントも状況によって異なる。まず意識するのは正しくボールの下に入ること。入る位置が安定せず、毎回バラバラになるとトスを上げる位置も定まらないが、高めのトスに合わせて入ることができればトスも調整しやすい。

助走の幅が広い選手は、二段トスに合わせるのが難しいため、二段トスを打つ際はレセプションアタックの時よりも助走の歩幅をやや小さめに取る。最後の1歩でボールの下に入り、しっかりジャンプができるように調整する。トスも後方や離れた位置から飛んでくることが多く、セットを上げる人とスパイカーに距離があり合わせづらいので、あまり助走は長く取りすぎず、やや短めに入ることを心がける。

▲歩幅は短く、バックスイングも小さく。

 Arrange

ライトからもやってみよう

レフトからと同様に、ライトからも同じ練習をやろう。タイミングを合わせるのが難しいようであれば、トスではなく、手で下から投げてもらうのも良い。ボールの軌道目線を向けて助走を開始して、トスの軌道を見ながらスイングし、歩幅を合わせてジャンプするように。体よりも少し前でボールをヒットし、ストレート、クロスに打ち分けると良い。

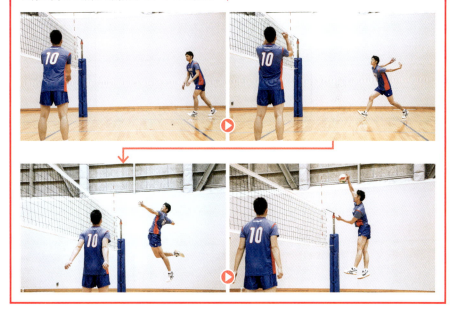

column

データはどうやってつけているの？

　近年のバレーボール界で欠かせぬ存在といえばデータを集め、分析するアナリストだ。

　試合を見ながら対戦相手と自チームのデータ、サーブを誰がどこに打って、誰がどの位置でどんなふうに拾って、どうやって返したか。それらを瞬時にパソコンに入力し、試合の後や対戦前に細かく分析するのがアナリストの仕事だ。

　傾向によって守備位置や攻撃パターン、サーブのねらい目など対策を立てるバレーボールではデータが果たす役割は大きく、試合中も誰の得点力が上がっているか、決まらなくなっているか、それらをすべて時系列で見る。「この選手が打ってい るな」と思っても、実際は別の選手にばかり集中していることもある。そして打数の多い選手に対して相手がどんな対策を練っているかを、決まった、決まらない、という結果の推移から分析することもできる。

　データを取る、と言っても難しいことではない。手書きで、誰が打った、打たない、決まった、決まらない、という結果を○×で書けばそれも立派なデータだ。Vリーグでも時にはトレーナーが記録をつけていたり、通訳がトレーナーも兼ねるチームだってある。チームのために役立つ情報をそれぞれのチームでできる形で積み重ねれば、大きな武器になるはずだ。

第6章
レセプション

守備を崩すために、相手はさまざまなサーブを打ってくる。
それに対してどれだけ正確に攻撃をつなぐことができるかという点で、
レセプションも勝敗を大きく分ける要素の1つであることは間違いない。
基本的な構えから順番に練習を重ねよう。

レセプションの基本

失点せずに得点につなげる重要なプレー

　ブレイクの最初のプレーがサーブならば、サイドアウトの最初のプレーはレセプションだ。近年のバレーボールでは、勝敗を分けるポイントとしてサーブのウェイトが高くなってきており、セッターにピンポイントで返球することは難しくなってきている。そのため、相手が崩そうとして打ってくるサーブに対して、どれだけ失点せずに自チームのチャンスや攻撃、得点につなげていけるかというのは非常に重要な要素になる。

　ジャンプサーブ、ジャンプフローターサーブなど、変化やスピードの異なるさまざまなサーブに対してまずは基本の構えを着実に習得し、ボールの下に素早く入ってボールを送り出す。この技術と感覚を身につけよう。

　構えや基本的なスキルを身につけたら、相手サーバーのポジショニングや特徴を把握したうえで、コースを予測して、その都度ポジションを修正するようにする。トップリーグでもレセプションを苦手とする選手が実は多いので、繰り返し練習して苦手にならないようにしよう。

構えのポイント

▶ 面を固定し、止まってボールを送り出す

正しい面の出し方は、常に返球方向に向けて、アンダーハンドの場合は両腕と肩で二等辺三角形がつくられていること。オーバーハンドも同様で、両手と目の間に三角形ができるように、たとえ正面ではなく高い位置や、左右に来たボールに対しても、常に返球する方向へ両腕と肩で三角形をつくる。まずは面が固定されているかどうか、返球時は動きながらボールを返すのではなく、しっかり止まってボールを送り出す。この2点をまずは意識する。

構え

▶両足を肩幅に開き、軽く曲げる。両手は体の横に力を入れずに置き、上下、左右にボールが来ても対応できる準備をして待つ

◀相手がジャンプサーブの場合はやや重心を落とし、スピードのあるボールに対して備える

面

▶ボールを送り出す方向へ向け、両腕と肩で二等辺三角形をつくる。正面のボールに対しては、面を正面に向ける

◀オーバーハンドでレシーブする際は両手と頭、目線の先に三角形をつくる。手のひらを上に向け面をつくる

相手サーバーの特徴把握とポジショニング

▶ 相手によってポジションを修正する

　サーバーによってジャンプサーブやジャンプフローターサーブなど、打つサーブに違いがあるだけでなく、同じジャンプフローターサーブでも打つ選手によって全く異なる。同じ選手でも打つ場所を変えたり、ねらう位置をその都度変えてくることも多いため、まずはサーバーの特徴を把握すること。レセプションのポジションも、左右にいる選手や、相手が打ってくる位置を踏まえて、それぞれの役割を定めよう。

　相手の特徴を把握するという点においては、P104のコラムで伝えたように、データを取るということもぜひ行ってほしい。どんなに優秀なサーバーであっても、選手によって得意なコースや打球はあり、一定の傾向はあるはずだ。一方で、当然相手もこちらのレセプションにおけるデータを把握して苦手な選手を突いてくることもある。そのあたりの駆け引きも、バレーボールの戦略において重要なポイントだ。

位置関係からコースを予測する

まず大切なことは、サーバーがいる位置と、自分がいる位置を把握する。サーバーが打ってくるのは、サーバーがいる位置と、反対側（自分がレシーブするコート）エンドの両サイドを結んだところが多い（図1）。裏を返せば、その結ばれた三角形のエリアから外れたコース（図1の灰色部分）にはあまり飛んでこない。しかし、スピードのあるジャンプサーブが飛んできたら相手のサーブポイントになりやすいコースでもあると言える。

たとえば、ジャンプサーブを打つ選手がいて、反対側コートの正面になる位置にレシーバーがいた場合や、逆クロスの線上にレシーバーがいる場合は（図2）、レシーバーがいる位置の左右にずれればアウトになることが多いが、エンドをねらわれたらサーブポイントを取られる確率が増える。相手のサーバーがどの位置から、どんなサーブを打ってくるか、まずは特徴を把握し、よりサーブが打たれる確率の高いコースで構えることを心がけよう。

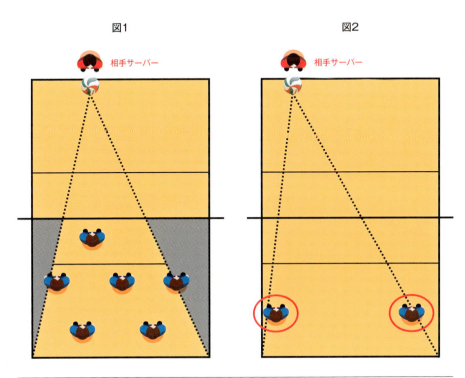

レセプションの基本

ねらい レセプションの基礎を身につける

Menu **039** 前後左右のボールに対するレセプション

≫主にねらう能力

難易度 ★★★★★

やり方

1. 相手コートからサーブを打ってもらう
2. 体の正面でレセプションをする。正面で三角形をつくり面を向ける
3. 前後、左右など高さや位置を変えてサーブを打ってもらい、繰り返しレセプションをする

正面から

> **! ポイント**
>
> ## どこにきても
> ## 面を返球方向に向ける

サーブを打つ選手は相手がいないスペースをねらって打つため、ジャンプフローターサーブの場合、レシーブをする選手は前、後ろ、左、右へと移動して取る。変化してくるボールに対し、素早くボールの落下点に移動して、返す方向に面を向けるのがポイント。

体の横、さらに上、前など飛んでくる位置は違うが、どこに動いても面がきちんと返球方向に向いていること。動く前に手を組むと面の三角形がきれいにつくれず、そのまま弾かれてしまうことが多いので、レセプションする位置で手を組むよう心がける。

面を向ける

ワンポイントアドバイス

前後左右、高さを変えたボールの対応を練習しよう

どの高さ、どの位置にサーブがきても意識することは基本的には同じ。体の横、少し高い位置に来たボールは無理に正面で取ろうとするのではなく、右側ならば右手を出し、左手は添えるイメージ。前にきたボールに対しても、ボールの軌道を見ながら足を動かし、できるだけ自分の体をボールに近づける。動きながらボールに触るのではなく、落下点で腕を組み、面を合わせ、返球する方向へ向ける。

【高い位置へのボール】

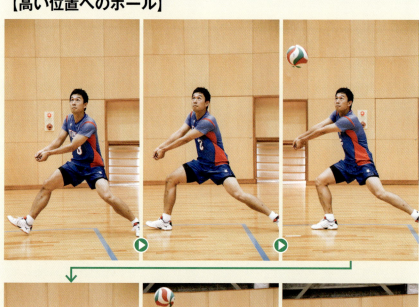

ヒジは曲げない

【前へのボール】

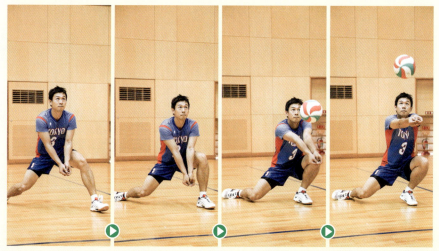

ここに注意！

腕を振らない

返球する方向ではなく、上や横に腕を振ってしまうとボールも一緒に飛んでいってしまうので、面をつくったら腕を振らずに面をそのまま向けるようにすること。

ボールがくる前に腕を組まない

落下地点に入ってから腕を組むようにしよう。ボールがくる前に腕を組んでしまうと安定して面がつくれない。

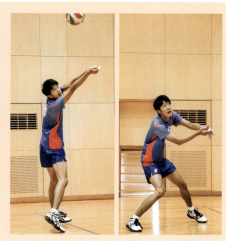

レセプションの基本
オーバーでのレセプションの基礎を身につける

ねらい

Menu 040 オーバーでのレセプション

≫主にねらう能力

体の使い方／ミート感覚／アプローチ・フットワーク／状況判断／ボールコントロール

難易度 ★★★☆☆

やり方

相手のジャンプフローターサーブに対して、オーバーハンドのレセプションをする。両手を上に向け、顔の前で面をつくり、両ヒジと両手の間に三角形をつくり、その間でボールをとらえる

? なぜ必要?

ボールが変化する前に取る

ジャンプフローターサーブのレセプションはアンダーハンドで取るよりも、オーバーハンドで取るほうが好ましい。なぜなら、ボールが空気抵抗を受けて変化する前に頭上でボールに触ることができれば、それだけ崩される確率も減少するからだ。実は相手のサーバーにとっても、オーバーハンドで取られることは「変化する前に取られてしまう」というだけでなく、やや守備位置が前になるということでより近くに見えるため、プレッシャーがかかる。サッカーのフリーキック時に壁をつくり、その壁が近くにあればあるほどスペースが塞がって見えるように、レセプションで前に守られればそれだけサーブを打つ隙間が狭くなる。心理的優位に立つためにも、オーバーハンドのレセプションのポイントを会得し、武器にしたい。

! ポイント①

肩に幅足を開き、その幅のなかでボールをさばく。

! ポイント②

手のひらはやや上に向けて面をつくる。両手の中、両ヒジの中で三角形をつくる。

! ポイント③

アンダーハンドでレセプションをする時よりも守備位置は少し前にして、ボールが変化する前に取る。

Extra
レセプションが苦手な選手も多い

Vリーグでプレーする選手のなかには、高校や大学まではレセプションをしないポジションに入っていた選手が、ポジションチェンジをしてレセプションをしなければならなくなるケースもある。はじめたばかりの選手は「返さなければならない」と力が入りすぎてしまうこともあるが、レセプションが苦手だと思う人や、はじめたばかりで不慣れな人こそ、まずはオーバーハンドでのレセプションからはじめてみよう。

レセプションを磨く

ねらい レセプションを実践する

Menu 041　レセプションの実戦練習①

≫主にねらう能力

難易度 ★★★☆☆

やり方

コートの両面に分かれ、サーバーに対して2人のレシーバーが入る。エンドラインから打たれるサーブをレシーブする。正面だけでなく、前後や左右、ボールに変化を加え、さまざまなボールに対応する

ポイント
取れる範囲は確実に

レセプションをする選手はコートを9分割し、たとえば図のように、バックレフトの位置で構える場合は、前後左右、3m幅は確実に取れるように練習する。サーバーが打つ位置を変えるだけでなく、レセプションをする側もポジションを変えながらサーブを打ち分けてもらい、さまざまなパターンを組みこんで行うとより実戦で役立つ技術を養える。試合のイメージを持ちながらトレーニングすることも大切だ。

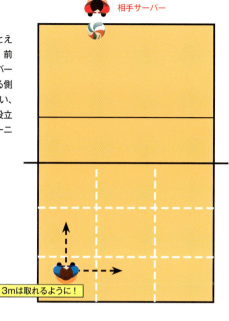

相手サーバー

3mは取れるように！

ワンポイントアドバイス

サーブとレセプションの練習は表裏一体

1人の選手だけでなく、サーブを打つ選手はレシーブする選手を交互にねらい、コースを打ち分ける。サーブを打つ選手もただレセプションの練習として軽い球ばかりを打つのではなく、サーブ練習だと思ってさまざまなコースに打ち分けるようにしよう。

 Extra
とにかく数をこなす！

1本1本区切って行うのではなく、連続して右、左、右、左とサーバーが打つ場所を変えて10本連続で5セット行うなど、レセプションの練習はとにかく数をこなすこと。

レセプションを磨く

効率よくレセプションの技術を磨く
ねらい

Menu 042 レセプションの実戦練習②

> 主にねらう能力

難易度 ★★★★★

やり方

1. コートに線を張って、縦に三分割する
2. 片方にはサーバーが2名とレシーバーが1名、もう片方にはサーバー1名とレシーバー2名を入れる
3. サーバーは正面にいるレシーバーに対して前後にサーブを打ち、レシーバーは反対側から打たれたサーブを隣のコースに入らないようレシーブする

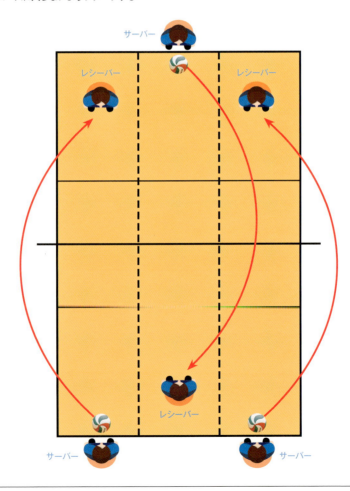

❓ なぜ必要？

効率よく練習する

レセプションの練習は回数をこなしたほうがいいが、これだけを1コートでやるのは効率がとても悪い。限られた練習時間、スペースの中でより多くの選手がたくさんボールに触れ、サーブを打ち、レセプションができるように工夫しよう。このメニューではコートを分割して前後のサーブを打つ練習、拾う練習をしているが、他のメニューの場合も同様だ。

⚠️ ポイント①
面をブラさない

Menu039などで説明した通り、サーブに対してレセプションする際に手を組むのが早いと面がブレてしまい、安定しない。さらに、ヒットの瞬間に体がグラグラとしてお尻を落としてしまうとボールが返りづらい。面をつくって、しっかりとボールを送り出す。前後左右、どの位置にきたボールでも面は返したい方向に向けること。

⚠️ ポイント②
隣のコートに入らないように

横幅3mと狭いコートだが、隣のコートに入らないようにレシーブすること。そのためには当然、サーブも3mのコートのなかに正確に、かつ前後にさまざまな打球を打ち分ける必要がある。この練習メニューも、サーブとレセプションの両方にとって大切な練習である点はこれまでと同様だ。ここで身につけた正確性は、実際の試合のなかでのサーブ、レセプションのボールコントロールに必ず生きてくる。

column

サーブミスは悪いことではない？

　サーブミスをすると、会場から大きなため息が起こるが、サーブミス＝悪いこと、というわけではないのを知ってほしい。

　ラリーポイント制ではミスでも1点が入るため、サーブミスをすれば相手に1点が加算されてしまうが、たとえミスをしてもその後の攻撃で取り返せばダメージはない。サーブミスをして、かつ相手のサーブでブレイクされることや、サーブミスにプラスしてスパイクミスが出るなど連鎖になるのがよくない。勝負のために強いサーブを打たなければならない以上、失点も仕方がないが、「取られたらすぐ取り返す」。それが大事なポイントだ。

　特に近年の国際大会やVリーグではサーブの重要性が高く、強烈なサーブで相手を崩すことは勝敗を分ける要素だ。とはいえ、ただ思い切り打つだけで、ネットばかりしていたら相手にはプレッシャーもかからない。ネットにかかったら次はアウトになるくらいのボール、アウトになったらコートの真ん中、といったように打ち分けながら修正する技術が必要だ。

　サーブはその選手の資質を表す。勝負強さや、コツコツ積み重ねる努力、そのすべてを表すのがサーブ。ミスを恐れず攻める気持ちを忘れずに。ただし、ミスが続いた時は修正できる術を持つ。それがビッグサーバーへの第一歩なのだ。

第7章

セット

4章では、相手の攻撃を受けてからのセットであるトランジションセットを説明した。この章も同じセットだが、本章はレセプションからのセット。同じセットの動きでも、注意する点が異なることを知っていこう。

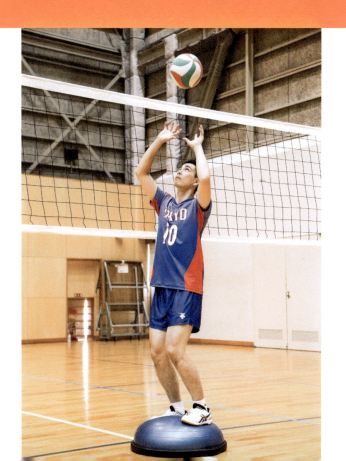

セットの役割

セッターが勝敗のカギを握る

　ラリーのなかで行うセットと比べると、レセプションからのセットは定位置からそれほど遠くない距離で、万全に準備が整っている状態でボールを上げることができる。相手のサーブによってレセプションがある程度乱れたとしても、落下地点に素早く移動し、オーバートスでもアンダートスでもトスが上げられるように練習しよう。動きやすく、なおかつ次の動作につなげやすいように、力を入れずに構えることが最初のポイントだ。

　確実に得点を取るために、スパイカーが打ちやすい位置へのセットは非常に重要で、バレーボールの試合の勝敗はセッターが握ると言っても過言ではない。スパイカーに比べると目立つことが少ないポジションではあるが、確実で正確なセットがあってこそのスパイクだ。バレーボールの主役はセッターだということを意識して、正確で打ちやすいセットを上げられる技術を身につけていこう。

セットの基本

正しいセットの構えを身につける

Menu **043** セットの構え

≫主にねらう能力

難易度 ★☆☆☆☆

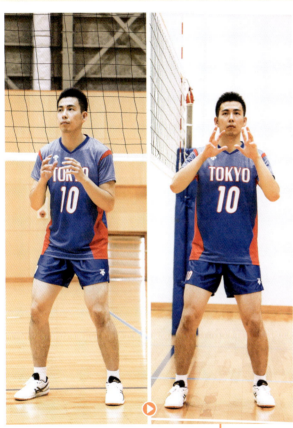

やり方

1. ネットを背に手は下げずに胸の位置で構える
2. 親指を立て、ヒジと手で三角形をつくり、ヒジと手の小さな三角形を崩さないようにキープする
3. 親指と人差し指の2本を軸とし、中指を添え、3本の指を使ってオーバーパスの動きを行う

 ここに注意！

親指は反りすぎない

セットの基本

ステップの踏み方を知る

Menu **044** セットのステップ

≫主にねらう能力

難易度 ★☆☆☆☆

やり方

ネットを背にして立つ。左足を外に出し、レフトの方向を向く。手は胸の前で構える。左足を軸にして、顔の前で三角形をつくり、両ヒジを伸ばして高くセットの動きを行う

⚠ ポイント 左側に壁をつくるイメージを持つ

ネットを背にした上体から左に一歩動いてレフトを向き、左足を軸にして上げる。目線を下げず、顎は引いて、リズムをとってテンポよく上げる。左側に壁をつくるイメージで体はブラさず、常に両肩が床と並行になって三角形をつくることを意識する。

❌ ここに注意！

右足に重心を乗せない

左足を軸にせず、右足に重心を乗せてしまうと体が開き、大きく動きすぎてしまう。手が下がって、胸の位置から離れた場所でボールを無理やり持っていこうとすると、ボールもブレてしまうので、手は常に胸の前に置く。Tシャツなど練習着のシャツの襟元を両手で持ち、そのまま動き、投げられたボールの落下点に入り、おでこにボールがぶつかりそうになったら手を出す練習をすると良い。ひねりは使わず上げるのがポイント。

肩のラインが傾いているのはNG

セットの基本

基本のセットを身につける

Menu **045** レフトへのセット

》主にねらう能力

体の使い方／ミート感覚／アプローチ・フットワーク／状況判断／ボールコントロール

難易度 ★★★☆☆

やり方

1. ネットを背にして立ち、左足を一歩踏み出し、ボールの軌道を見る
2. レフトの方向を向き、手を胸の前から顔の前へ上げる
3. 落下点に入ったら、顔の前で三角形をつくる
4. 両ヒジを伸ばし、3本の指で高くセットする

126

上体がブレないように

レフトへのセットは最も基本の形となる。足の動かし方や手を構える位置、目線の動かし方を、ボールを使った練習で身につける。肩のラインを下げず、上体がブレないように真っ直ぐ上げる。

左右の手が揃っていない

セットの基本
安定した軌道でトスを上げる

Menu 046 バックトス

» 主にねらう能力

難易度 ★★★☆☆

やり方
1. レフトへのトスと同様に、顔の正面に三角形をつくりボールをとらえる
2. 姿勢は真っ直ぐのまま、両ヒジを伸ばし1m後ろに飛ばす
3. ヒジの位置は変えず、角度を変えて後ろから突き上げるイメージでセットする

ヒジの位置は変えない

ワンポイントアドバイス

のけぞらないように

体はレフトを向きながら、ライト方向へ上げるバックトス。アゴを上げず、のけぞらないように意識しながら、まずは真後ろにボールをポンと置くイメージを養う。重心がブレたり、ヒジが曲がると体の軸が崩れて、ボールの軌道の乱れにつながるので、ヒジの移動角度で半円を描くように、ヒジから後ろへ突き上げるイメージで真後ろにセットする。

Arrange

いろんな軌道でやってみよう

慣れて来たら1m後ろではなく、より高い軌道などいろいろ試して、思い通りのところにセットできるようにしよう。体の使い方は変えず、ヒジの位置も変えずに飛ばすことが大切。

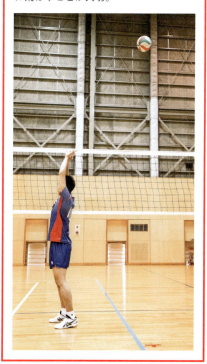

ここに注意!

重心のかけ方に注意

右に重心が乗りすぎると後方にボールを飛ばす際、上体がブレてトスも傾いてしまう。体は真っ直ぐ、片方に重心をかけ過ぎないようにしよう。

セットの安定性を高める

上半身を安定させてトスを上げる

ねらい

Menu **047** バランスディスク上でセット

» 主にねらう能力

体の使い方／ボールコントロール／ミート感覚／状況判断／アプローチ・フットワーク

難易度 ★★★☆☆

やり方

バランスディスクに乗って立つ。両手は胸の前に置いて構え、顔の前で三角形をつくり、投げてもらったボールをとらえてトスを上げる

なぜ必要？

体幹に力を入れて上半身を安定させる

足元のバランスディスクの上に立つことで、足場が不安定なところでのセットの練習となる。上半身がブレると転んでしまうので、体幹を固定させることが大切。体が固定されるとブレがなくなるので、体幹を締め、上体を真っ直ぐに保つ。レフト、ライトに20回ずつセットの練習をしたら、バランスディスクを降りてセットすると力を使わず軽く飛ばせるので、その感覚を養うこともできる。

Level UP!

小さなバランスディスクで挑戦

小さなバランスディスクを2つ用意し、左右で別々に乗って同じようにトスを上げる。1つの大きいバランスディスクのときよりバランスが崩れやすいため、しっかり体幹を締めることを意識すること。

セットの強化

セットのための指と手首の力を鍛える

ねらい

Menu 048 バスケットボール練習（両手）

≫主にねらう能力

難易度 ★☆☆☆☆
回数 100回

やり方

両手でバスケットボールを持ち、トスを上げる要領で壁に向かってボールを投げる。
戻ってきたボールを素速くパスしてまた壁にぶつける。これを両手を閉じないようにして繰り返す

! ポイント　手は閉じない

バスケットボールを使って指と手首の力を鍛える。指を広げて伸張反射を使い、バレーボールよりも重さのあるバスケットボールを使って指の力を鍛える。手は絶対に閉じず、開いたままで行う。

セットの強化

ねらい セットのための指と手首の力を鍛える

Menu 048 バスケットボール練習（片手）

» 主にねらう能力

難易度 ★☆☆☆☆
回数 左右各100回

やり方

片手でバスケットボールを持ち、Menu048の両手と同じように壁に向かってボールを投げる。戻ってきたボールをパスしてまた壁にぶつける。これを繰り返す

Extra
ウォームアップに良い

壁があれば一人でできる練習であり、ボールがあればどこでも行うことができる。

ウォーミングアップの一環として行うと良いだろう。

column スペシャリストを目指せ！

　誰でも試合に出たいが、全員がコートに立てるわけではない。ポジションによる役割や個々の持ち味もある。ベンチで待たなければならない選手もいる。

　しかし、コートに立ち、勝利に貢献するのはレギュラーの選手だけではない。ピンチサーバーやレシーバー、ワンポイントブロッカーなど、局面で必要とされるスペシャリストが必ずいて、彼らの活躍が勝敗を分ける要素になる。

　勝負の場面でどんな選手をピンチサーバーとして投入するか。確実に崩してくれる力を持った選手はもちろんだが、出たそうにうずうずしている選手がいれば、監督はそんな選手をコートに送り出すもの。「出たくて仕方がない」というのは、それだけ頑張ってきた自信があるから。

　これはレシーバーも同じ。以前はリベロというポジションがなく、背が低くてなかなか攻撃が決まらない選手は一生懸命練習して、レシーバーとして試合に出場していた。ひたすらサーブレシーブ、ディグの練習を積んできた選手はどんな場面でも自信を持ってコートに入ることができるし、絶対に負けない。「これが自分のバレーボールだ」という自負があるからだ。

　強烈なスパイクが打てなくても試合にも出られる。試合出場のチャンスに恵まれなくても、諦めることはない。チャンスは必ずある。「これだけは負けない」という武器を磨こう。

第8章
スパイク

得点を取るために必要なスパイクだが、ただ強い打球を打てれば良いというわけではない。助走、腕のスイングなど1つひとつ基本的な体の動かし方から確認し、レフトから、ライトから、バックアタックなどさまざまなパターンの練習を行おう。

スパイクの役割

多彩なパターンの練習をすることが大切

相手のサーブを受けて、攻撃して得点を取る。サイドアウトを確実に取るためにはスパイクを決めなければならない。ラリー中に行う攻撃とは異なり、スパイカーは準備が万全な状況で攻撃参加できるため、しっかりと助走を取り、体をうまく使って、高い位置でボールをとらえ、攻撃することが良いスパイクを打つ上で非常に大切になる。

スパイクを打つことが多い前衛のレフト、ライトのポジションだけではなく、練習ではバックアタックも織り交ぜるなど、サイドアウトの攻撃をより多彩に展開できるようにさまざまなパターンを想定して取り組んでいこう。この章では助走に始まり、スイング、レフトからのスパイク、ライトからのスパイク、バックアタックと順番に説明した後、いくつかのスパイクのパターン練習を紹介する。

助走のポイント

歩幅が大きくなりすぎず、ジャンプまで短く速く

　スパイクを打つ際、より速く、より高さのあるスパイクを打つために大事なポイントが助走だ。高く跳ぶためには正しい助走が必要だ。歩幅が大きいと最後の一歩が合わせづらくなり、胸が下を向き、体を振り上げるのに時間がかかってしまう。せっかくの助走の勢いを生かしきれないこともあるのだ。

　助走開始からジャンプするまでの時間を短く、速く動くことを意識する。接地の際もドンドンと着地するのではなく、より速く動けるように、タッタッとリズムよく接地することが大切。ブロッカーより遅くスパイク動作を開始したとしても、先にスパイク動作に入れるよう助走で調整する。

　跳び上がる瞬間は、股関節を使う。股関節に500円玉を挟むようなイメージを持ち、ジャンプする瞬間に挟んだ500円玉が落ちるように、股関節から動き出すことを意識してやってみよう。

スパイクの基本

体を立ててジャンプする感覚を身につける

ねらい

Menu **050** 片足ジャンプ

≫主にねらう能力

（レーダーチャート：体の使い方／ミート感覚／アプローチ・フットワーク／状況判断／ボールコントロール）

難易度 ★★☆☆☆

やり方
1. 左足を一歩前に踏み出す。股関節を使って、左足で地面を蹴り、軸足を右足と入れ替える
2. 小さくバックスイングをつけ、右足を大きく踏み込む。股関節を使って右足で地面を蹴る
3. 体を立てて、真っ直ぐ真上にジャンプする

なぜ必要？

体を立てる

安定した体勢でしっかりとボールの下に入ってスパイクを打つためには、歩幅が大切になる。どうしても歩幅が大きくなりすぎてしまう場合は、まずは体を立てる感覚を養うために歩幅が小さい片足ジャンプからはじめて、体を立てる感覚を身につけよう。

ポイント

まずはジャンプだけ

歩幅と体を立てる感覚を身につけることに集中するため、まずは真っ直ぐ跳ぶところだけの練習からはじめる。感覚が身についたら、素振りの要領で腕の動きを入れるようにしよう。

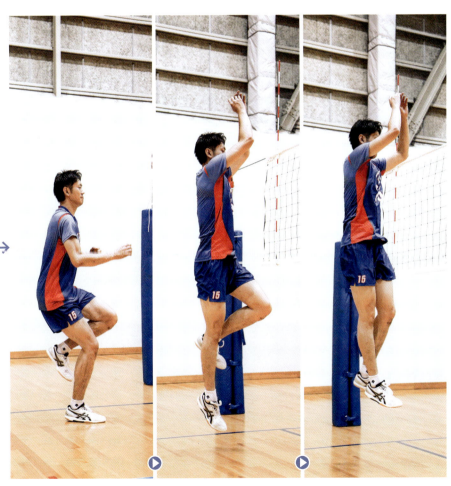

スイングのポイント

肩の内旋、外旋を使い分ける

　スパイクを打つ際に、助走と同じくらい基本的な部分で最も大切となるのが腕のスイングだ。クロス、ストレートなどコースへ打ち分けるためには、肩を内旋、外旋させなければならない。

　ボールを打った後に手のひらが内側を向き、親指が上を向いているときは内旋、手のひらが外側を向き、親指が下を向いているときは外旋である。この2つをしっかりと使い分けできるようにしよう。

　練習のなかで、こういったことを何も意識せずにボールを打つ、ボールを投げるといった動作を行った場合、一般的には肩を内旋させる傾向にあり、内旋のほうが強いと言われている。そのため、ボールを様々なコースに打ち分けるためには内旋だけでなく、外旋も意識してできるようにしなければならない。そうしなければ、ケガの原因ともなりやすい。いきなりスパイクを打つのではなく、スイングの練習から1つずつまずははじめよう。

▶ 内旋

▲右ヒジを引き、右腕を真上に上げる。親指を上にして高い位置から真っ直ぐ振り下ろす。体に巻き付けるように腕を振り切る

▶ 外旋

▲右腕を真上に上げるところまでは内旋と同じ。親指を下にして高い位置から真っ直ぐ振り下ろす。手のひらを外側に向けて腕を振り切る

スパイクの基本

肩を外旋させるスイングを鍛える

ねらい

Menu **051** 外旋スイング

≫主にねらう能力

難易度 ★★★★★

やり方

2人1組となり、片方が右肩を前にして横を向きに立つ。もう片方がボールを投げ、ボールを打つ人は上半身を投げた人の方向へ向けながら高い位置でボールを捉え、打ち返す。親指は下、手のひらは外側に向ける

なぜ必要?

外旋スイングに集中する

スパイクを打つ腕の外側（写真では右腕側）から投げられたボールを体をひねって打つため、肩を外旋させながら打つほうが自然な動きとなり、必然的に外旋スイングを打つことができる。前ページで説明したように、ただ投げられたボールを無意識に打つと内旋の動きになりやすいので、横向きの状態で正面に打ち返す練習は外旋スイングに集中しやすくなる。

ここに注意!

投げるほうは丁寧に

自然な動きとなる肩の内旋とは違い、無理に外旋の動きをしようとするとケガにもつながりやすい。外旋の動きを身につけるための練習であるため、投げるほうは正確に打ちやすいところへボールを投げるように。体よりも前すぎるボールなどを無理に打ちにいかないようにしよう。

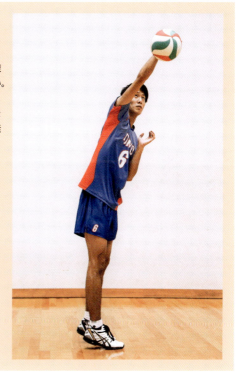

Extra

バックスイングは大きいほうが良い?

以前は、スパイクを打つ際にはバックスイングも大きく取ったほうが強い球を打てるので良いと言われていた。しかし、実際にバックスイングを大きくつけて打つスパイクと、小さなバックスイングで打ったスパイクの球速のデータを取ってみたところ、それほど大きな差異は見られなかった。バックスイングを大きくとればそのぶん動作のブレも大きくなるので、安定して強いスパイクを打てないこともある。バックスイングを大きく取りすぎて上体がブレてしまう人は、無理にバックスイングを取るのではなく、小さいバックスイングで打つようにしてみよう。

スパイクの基本

スパイクの基本を身につける
ねらい

Menu **052** レフトからのスパイク

》主にねらう能力

難易度 ★★★☆☆

▶ やり方

前衛レフトにポジションを取り、フォームを確認しながらスパイクを打つ。
練習では、ただ強く打つことよりも、1つひとつの動作を意識して行う

ポイント 股関節を意識して跳ぶ

右利きの選手が最も多く打つのが前衛レフトからのスパイクだ。トスを右目で確認しながら、右から来るトスに合わせ、しっかり助走を取り、高くジャンプして打つ。バックスイングはあまり大きく取りすぎず、股関節をうまく使うことを意識する。

✗ ここに注意!

●前傾しすぎない

助走の際に体が前傾してアゴが上がってしまっている

●歩幅を大きくしすぎない

歩幅が大きいと、ボールに対して合わせづらい

●打つまでの時間のロスを減らす

胸が床へ向いてしまっているため、体を起こそうとして手が真上に上がってしまっている。体の角度を真っ直ぐにして打つまでに時間がかかるロスを減らす

スパイクの基本

ねらい スパイクの基本を身につける

Menu 053 ライトからのスパイク

≫主にねらう能力

難易度 ★★★☆☆

やり方

Menu052と同様に、今度は前衛ライトにポジションを取り、スパイクを打つ。
練習では、ただ強く打つことよりも、フォームを確認しながら正確に打つようにしよう

! ポイント

助走と同時にバックスイング

前述のように、スパイクを打つ上で助走は非常に大切。助走と同時に腕をバックスイングして勢いをつけるが、上体が傾かないよう体を立てること。踏切の際は真上に向けて高くジャンプし、空中で体を旋回させ、最高打点でボールをとらえよう。

👆 ワンポイントアドバイス

レフトからとの違いを意識する

右利きの人にとって、レフトから打つスパイクに比べてライトからのトスは左目でトスを見て、左側から来るボールを打たなければならないためやや難易度は高い。しかしライト側からの攻撃が決まれば、それだけ攻撃の選択肢も増え、相手のブロックはつきにくい。繰り返し練習することで感覚を養おう。

スパイクの基本

ねらい 後衛のスパイクの基本を身につける

Menu 054 バックアタック

≫主にねらう能力

難易度 ★★★★☆

やり方

アタックラインの前あたりに手で投げられたボールに対して、アタックラインの手前で踏み切ってスパイクを打つ

なぜ必要？

長いコースを打つ感覚をつかむ

レセプションからの攻撃は前衛だけとは限らないので、後衛からのバックアタックも練習しておこう。前衛からのスパイクと異なるアタックラインから長いコースへ打つバックアタックの感覚がつかめる。

ポイント

前ではなく上に跳ぶ意識を持つ

バックアタックのジャンプをする際、前で打とうと意識しすぎて前に跳んでしまうことが多く見られるが、前ではなく上にジャンプすると高さが出る。踏み切った位置から1.5〜2mの位置に着地できるよう、ジャンプする。背が低い選手でも、武器にできるのがバックアタック。長いコースへ自在に打ち分ける技術を磨こう。

スパイクのパターン練習

実戦を意識して
スパイクを打ち分ける

ねらい

Menu **055** バックアタックから前衛スパイク

》主にねらう能力

難易度 ★★★☆☆

●パターン①

> やり方

手で投げられたボールに対してアタックラインからバックアタックを打ち、その後前衛で助走せずに真上ジャンプからフェイントをして打つ

> ポイント

連続する動きでもフォームを意識

バックアタックから前衛に移動して打つという連続の動きになるが、それぞれの動きが雑にならないように。体がしっかり立っているかなど、ここまでのMenuで紹介したポイントで打てているか、体の感覚を確認しよう。

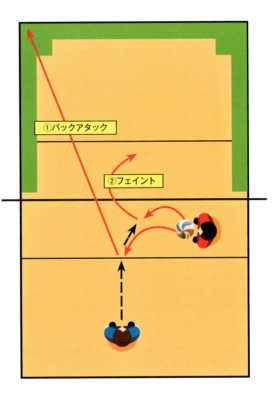

①バックアタック
②フェイント

Extra
サイドもねらってみよう

コーナーに打てるようになったら、コートサイドにもマットを置き、レフト、ライト、センターからそれぞれのコーナーやサイドをねらって打つ。アタックラインよりも手前、インナーに打つのは高い位置からボールを通過させなければならず、高度な技術が必要になるが、ここに打てるようになるとディフェンスしにくいため、ポイントにつながりやすい。

●パターン②

やり方
手で投げられたボールに対してアタックラインからバックアタックを打ち、その後前衛から強打を打つ

ポイント
コースを打ち分ける

最初はそのままストレートに打ったり、得意なコースへ打つことから始め、より精度を上げるためにはコートの両角にマットを置き、コーナーをねらって打つ。ジャンプのタイミングが合わないと遠くに打てないので、タイミングをしっかり確認しながら遠くへ打つ。

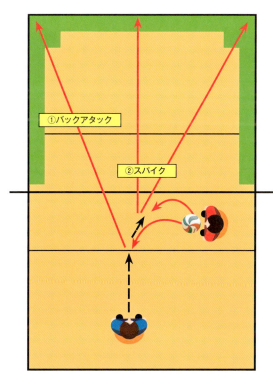

①バックアタック
②スパイク

スパイクのパターン練習

実戦を意識して スパイクを打ち分ける

ねらい

Menu **056** 高いトスへの対応

》主にねらう能力

難易度 ★★★★☆

●パターン①

やり方

セッターが定位置からでなく、やや後方や、レフトに近い位置からフワリと高くトスに見立ててボールを投げる。アタッカーはトスの落下点を判断し助走を調整して、どこから来たボールに対しても長いコースへスパイクを打つ

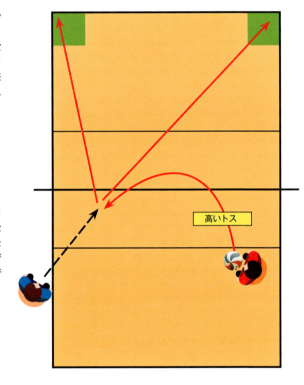

高いトス

ポイント①
実戦を常に意識する

試合においては、常に打ちやすいトスが上がってくるというわけではない。フォームや打ち分けるコースを意識しながらも、実際の試合の中で起こりえる状況を想定して練習を行おう。

ポイント②
イレギュラーな状況にも対応できるように

実際の試合では、相手のスパイクやサーブによって崩されることで、アタックラインの外から来るトスもある。そういったイレギュラーな状況にも落ち着いて対応できるように、さまざまなパターンの経験を練習のうちから積んでおこう。

ワンポイントアドバイス

徐々にレベルを上げていこう

最初は相手を入れずにスパイクを打ち、対応力を磨いていく。その後、徐々にブロック板を持った選手を前に立たせたり、実際にブロッカーを入れたりするなど、オプションを加えて練習のレベルを上げていこう。繰り返しにはなるが、常に実戦での状況を頭に入れて行うこと。

●パターン②

やり方

サイドラインの外などからフワリと高くトスに見立ててボールを投げ、アタッカーはそのボールに対して長いコースへスパイクを打つ

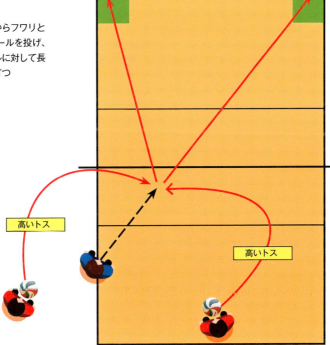

ポイント

助走の工夫が大事

後方やコート外からのトスは通常のトスへと異なり対応が難しい。まず落下地点を見極めたら、足を動かして、正しい位置でジャンプできるように助走の仕方を工夫しよう。

スパイクのパターン練習

どんな状況でも安定したスパイクを打つ

ねらい

Menu **057** 連続スパイク

≫主にねらう能力

難易度 ★★★★☆

●パターン①

> やり方

ストレート、クロス、ストレート、またはクロス、ストレート、クロス、など1つのコースに連続して打つのではなく、1本目、2本目、3本目とコースを変えながら3本続けてスパイクを打つ

> ポイント

動きにメリハリをつける

1本打って後ろに戻った後、ダラダラとそのまま次のスパイクに入らないように。打ったら着地、戻って、しっかり止まって次のスパイクへ。動きにメリハリをつけて行うことが大切だ。また、体のバランスを保つことも常に注意しよう。

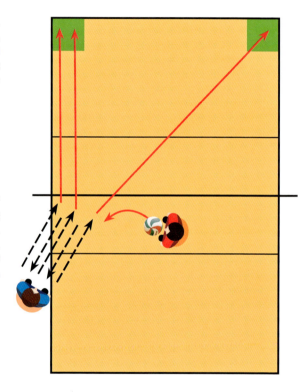

Extra

目安は3本1セット

この練習は3本を1セットとし、これを5セット行うのが目安だ。1セットの本数を増やし過ぎても集中して行うのは難しく、安定したスパイクを状況によって打ち分けるというねらいを持って行うことができない。練習の意図やねらいを明確にした上で、本数、セット数を決めていこう。

●パターン②

やり方

パターン①の3本連続スパイクを、レフトから、ライトから、センターからとそれぞれのポジションから打つ

ポイント

セッターとの距離感をつかむ

この練習では、アタッカーの位置は都度変えるが、セッターの位置は変えずに行うことが大切。これにより、セッターとの距離の変化を体に覚えさせていこう。

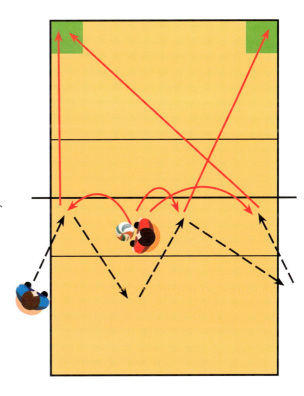

column
キャプテンに向いている選手はどんなタイプ？

　高卒で入った選手もいれば、30歳を超えるベテランもいる。それがVリーグだ。年齢や経験、個性もさまざまな集団をまとめる立場とされるのがキャプテン。チームのリーダーであり、監督やコーチ、選手とのコミュニケーションを潤滑にするために、間に入っていろいろなことを伝えてくれるのがキャプテンの存在でもある。

　とはいえ、キャプテンだから、とか、キャプテンじゃないから、というのはあまり関係ない。1人の選手として、チームに所属している以上、自分が果たさなきゃいけないことはルーキーだろうとベテランだろうと関係なく、必ずそれぞれがやるべきことがあるはずだ。しっかりしている選手のほうがキャプテンに向いているのではないか、陰でサポートできる選手のほうがキャプテン向きなのではないか。いろいろな考え方があるだろうが、チームとは個人の目標の集合体だ。チームが今、どんな目標を目指しているのか。そのためにはどんなことが必要で、それを成し遂げるために先頭へ立つのは誰か。それを見極めたうえで、キャプテンを決める。それが一番望ましい形ではないだろうか。

第9章
練習計画とメニューの組み方

ここまで、技術別にそれぞれの注意点、練習メニューなどを紹介してきた。
この章では、どのように練習の計画を立て、
どのようにメニューを組み合わせて、
チームそして個人としての力を高めていくかについて具体例を紹介する。

FC東京の練習計画

年間スケジュールと照らし合わせ
限られた時間の中で効率的な練習を

　この章では、実際にFC東京バレーボールチームが行なっている練習メニュー例を、Vリーグの年間スケジュールを中心とした各種大会、実業団チームという性質を踏まえた上で、紹介していきたい。

　現在FC東京に所属する選手のほとんどは会社員として業務を行いながら、仕事を終えた後に練習に参加している。他チームにはプロ選手のようにほぼ社業に携わることなく、バレーボールに専念できる選手も大勢いるが、決してそのような恵まれた環境とはいえない。しかしながら、

だからこそ限られた時間を有効に使い、効率的に練習を行う必要がある。それが、チームにとって最も大きなテーマである。またそのような環境というのは、日中は学校で授業に参加し、放課後に部活動としてバレーボールの練習を行う中学生や高校生と通じる部分もあり、参考にしていただきたい部分でもある。

バレーボールの1年間のスケジュールを広く見てみると、リーグ戦がはじまり毎週末に試合が続く時期、シーズンオフで合宿などを行いながらトレーニングで体力づくりを重視する時期、基礎的な練習で全体の技術レベルの底上げを図りながら試合に向けた調整を行う時期など、時期ごとに何を目標とするかによって取り組むトレーニングメニューの内容は変わってくる。

FC東京は実業団チームとしてVリーグに所属しているが、中学校や高校、大学などの環境によって年間スケジュールは異なっており、同じ季節でも取り組むべきメニューは変わってくるはずだ。そのため、参考例の1つとしてFC東京の練習計画を理解しつつ、各指導者、チームごとに最適な計画を立ててほしい。

1 年間スケジュールの把握 year

　練習計画を立てるにあたり、まず年間スケジュールをしっかりと把握し、目標をどこに置き、どこにピークをもってくるかというのが大切なポイントとなる。

　Ｖリーグの試合期は10月から3月まで。その間、12月に天皇杯、5月には天皇杯と同様に高校生や大学生も参加し、予選リーグ後にトーナメントが行われる黒鷲旗が開催される。大会後には1週間、2週間程度の休暇を取り、シーズンを終える。リーグ戦は半年近くに及ぶため、基本が鍛えられるオフシーズンは6月から9月までのわずか4か月しかない。

● チーム始動・鍛錬期（6、7月）

長いリーグ戦を乗り切るための体づくりを目的として、走り込みで体力・持久力アップ、ウエイトトレーニングで筋力アップメニューを中心としたトレーニングに重きを置く。基礎体力を養うことと並行して、パス、サーブ、スパイクなど基本技術を高めるためのボールを使った基礎練習を行う。

● 練習試合期（8月）

主に大学生、またＶリーグチーム同士を相手として、練習試合を行い実戦感覚を養う。6、7月を経て、どこまで自分の状態が上がっているのかを確かめる時期だ。FC東京のように国体にも出場するチームは、この時期に並行して予選に出場する。

● 強化期（9月）

チームの戦術に添って、個別の技術練習からチームとしての組織練習、実戦形式の練習を多く取り入れる。リーグ戦開幕を目前に控え、万全の状態で臨めるようにチームとして着実に準備を進める大切な期間だ。

● 試合期（10～5月）

チーム最大の目標であるＶ・プレミアリーグ優勝に向けて、毎週末に試合を行う。基本的に、土日にそれぞれ1試合行い、12月半ばにはトーナメント形式の天皇杯に参加する。リーグ戦が終了した5月には黒鷲旗が行われる。試合に向けたコンディショニング、試合で生まれた課題を修正するのが、日々のトレーニングのポイントとなる。

FC東京バレーボールチーム 年間スケジュール

月	時期	主要大会等	強化ポイント
6	始動	国民体育大会 東京予選	基礎体力 基礎技術
7	鍛錬期	トレーニング合宿	筋力・持久力 コンビネーション
8	練習 試合期	国民体育大会 関東予選	実戦感覚
9	強化期	国民体育大会 本戦	組織力 戦術力
10	試合期	**V・プレミアリーグ** (各週2試合×12週) 【12月】 天皇杯バレーボール 選手権大会	コンディショニング 試合毎の課題修正
11	試合期		
12	試合期		
1	試合期		
2	試合期		
3	試合期		
4	試合期		
5	試合期	黒鷲旗 バレーボール選抜大会	

2 週間スケジュール week

シーズン中は課題修正がメインとなる
鍛錬期でいかに自己を高めるかが大切

　大きく分けると、鍛錬期と試合期によって分かれる。鍛錬期の午前中は会社の業務を行ない、午後からの練習となる。基本的に毎日のトレーニングとなるため、選手のモチベーションの維持も大切になってくる。鍛錬期はトレーニング強度が高い為、ジャンプ動作を伴わない日をつくりトレーニングをしっかりとできるようにする。一日のトレーニング時間は限られているため、その日その日のテーマを置いたうえで、目的を明確に持ったトレーニングを行うこと。また、週末はバレーボール教室など、地域活動にも参加することもある。その場合は、平日をオフとする。

　試合期になると、選手はある程度バレーボールに集中しやすい状況となる。週末の試合を中心に、週の半ばは試合で抽出された課題を修正するためにゲーム形式の練習が中心だ。Vリーグは土日の両方に試合を行い、日本各地にチームがあり金曜日は移動日となるため、1週間のなかで練習を行える時間は実質2日間。技術を磨いたり体力向上に割いたりする時間は少なく、いかにオフシーズンの鍛錬期のトレーニングが大切かがわかるだろう。

鍛錬期

	月	火	水	木	金	土	日
AM	【午前中】会社業務						オフ （地域活動など）
PM	【15～19時】練習						
	フィジカル、ラントレ	テクニカル（ディフェンス全般）ジャンプ動作を伴わない練習	テクニカル（オフェンス、ディフェンス総合）	テクニカル（サーブ打ち込み、アタック全般）フィジカル ※2つのグループに分け、木・金で入れ替える。少人数制で行うことによって練習密度、効率を上げる		水曜と同じor時期によってトレーニングと走り込み	

試合期

	月	火	水	木	金	土	日
AM	練習（リカバリー）	オフ	会社業務		移動日	試合	試合
PM	オフ		練習（ゲーム形式中心）				

3 1日の練習メニュー day

年間、週間スケジュールを把握したら1日のメニューへ 目的をしっかりと理解させたうえで取り組む

年間の大枠のスケジュールを把握し、そのなかでの時期ごとのねらいを定めたら、1日の練習メニューの作成に落とし込んでいく。これまで説明したとおり、時期によって重点的に強化する内容は異なるが、ここでは実際に9月、つまりリーグ戦開幕前の強化期に行われたメニューを1つの例として紹介する。この日はウォーミングアップを兼ねた基礎技術練習にはじまり、最後はより実戦に近い状態でのゲーム形式の練習で締めている。時期という枠での目的、そしてメニュー単位での目的を選手にしっかりと理解させたうえで取り組んでいってほしい。

強化期のメニュー例

時間	メニュー
15:00	ストレッチ
	ウォーミングアップ（ダッシュ）
	ブロックジャンプ
15:30	ブロック練習（2枚→3枚）
	パス（キャッチボール、ロングパス、対人パス）
16:00	3人レシーブ
16:30	2対2（フェイント、バックアタック）
	ブロックからの切り返し
17:00	サーブ、サーブレシーブ
17:30	6対6
	ストレッチ
18:00	終了

▲練習メニューはホワイトボードに書き、全員で共有できるように

[ストレッチ・ウォーミングアップ]

各自でゆっくりと時間をかけて練習の準備を整える。バレーボールにおいては、肩甲骨及び股関節周囲のストレッチは念入りに行おう。体がほぐれたら、コートの縦幅を使ってダッシュ。徐々に心拍数を上げていく。

[ブロックジャンプ] ⇒ P42 Menu014

ウォーミングアップを兼ねてブロックでジャンプを入れる。最初は1人でジャンプし、手を前に出す。続いてネット上にあるボールを両手でキャッチする。ただジャンプするだけでなく、ブロックすることを常にイメージして行うこと。

[ブロック練習 ①2枚ブロック] ⇒ P44 Menu015

レフト、ライトと2コースに分かれ、台上から打たれるボールに合わせてジャンプする。最初は中央で構え、2人が息を合わせて移動し、距離やタイミングを測る。

ジャンプを取り入れた練習を行うことで、ウォーミングアップも兼ねる。少ない練習時間の中では、いかに効率的に次へつなげる練習をするかが重要！

[ブロック練習 ②3枚ブロック]

2人から3人、ブロックの枚数を増やし、移動時のスピードやジャンプするタイミング、隣で跳ぶ選手との距離を確認する。

[パス練習 ①キャッチボール]

離れた距離から2人組でキャッチボール。肩を動かす練習、遠くへボールを飛ばすために体の使い方を意識する。

[パス練習 ②スイング] ⇒ P142 Menu051

2人1組で体は正面ではなくボールヒットの瞬間は横向きにして、体のひねりをしっかり使う。右利きならば右足を前に、軸をつくって体をひねる動作を意識する。腕は、外旋するスイングを意識して行う。

[パス練習 ③オーバーパス、アンダーパス、ロングパス]

基本のパス練習後、自分の真上に一度上げてから相手にパス、距離を長くしてロングパスとバリエーションを加える。ロングパスは試合で二段トスを上げるイメージで、最低でも9mは正確にコントロールできるよう意識する。

[パス練習 ④対人レシーブ] ⇒ P57 Menu020

2人1組で、一方が打ち、一方が拾う。スパイクレシーブを想定した基本練習。慣れて来たら相手が打ったボールをレシーブする際、直接相手に返すのではなく、一度自分の上にあげてから相手に返す。ボールコントロール力を養う練習だ。

[3人レシーブ]

コートに3人が入り、正面から打たれる強打、軟打をレシーブし、トスまでつなげる。ただ拾うだけでなく、コミュニケーションをとりながら、難しいボールをトスする技術を身につける。

[2対2 ①フェイント]　⇒ P96 Menu035

コートを2つに分割して、ネットを挟んで2対2でボールを打ち、つなぐ練習。最初は「攻撃はフェイントだけ」と制限を設け、できるだけたくさんボールに触り、足を動かす。

ブロッカーが1人、レシーバーが1人で守らなければならないので、どこに落ちるかを予測し、どこを塞ぐか、どこで守るかを観察し、確認すること。攻撃の際は、どこへ落とせば相手が取れないかをよく考えること。ただ何となく相手に勝った、負けた、ではなく必ず「この状況だからここへ落とした」とプレーに意図を持って行う。

[2対2 ②バックアタック]　⇒ P148 Menu054

フェイントではなく、攻撃する際はアタックライン後ろから強打を入れる。ボールのスピードが速くなるため、ブロックとレシーブの関係をしっかり確認しながら行うこと。フェイント、バックアタックとそれぞれ行ったら、最後は制限なしで、フェイントとバックアタックを織り交ぜながら行う。

[6対6 ブロックをつけたスパイク、ディフェンス練習]

6人ずつコートに入り、スパイク、ブロックをつけた練習。打って終わり、と単発で終えるのではなく、つながったボールは攻撃につなげ、より実戦に近づける。人数も増え、コートも広がるので、どこへ打てばいいかをよく考えて行う。

［サーブ、サーブレシーブ］ ⇒ P25 Menu006

一方からはサーブを打ち、反対側のコートに入った選手は打たれたサーブをレシーブする。サーブを打つ選手はねらったところにねらって打てるようにすること。まずは強いボールを遠くに打つ、コントロール力を養う。エンドとサイドにマットを引き、コースをねらう練習も取り入れる。

［6対6］

練習の仕上げとして、実戦を想定した6対6の練習を行う。実際に審判や得点をつけながら、試合形式で行う。A、Bチームに分かれて行う場合、レギュラーのAチームは0-5からスタート、20-20からスタートなど状況を変化させて行う。

［ストレッチ］

激しい練習で損傷した筋肉をケアする。翌日に疲れを残さないためにもじっくり時間をかけて行う。

[参考] FC東京の体力測定

FC東京ではリーグ戦開幕に向けて毎年、メンバー全員の体力測定を行っている。身長・体重といった基本的なことから、筋力、体力など総合的に測定し、チームの状態を把握するのに役立てている。

● 測定項目

① 身体組成（身長・体重、皮脂厚、指高、柔軟性）
② 握力
③ 20mダッシュ
④ Pro Agility Test
⑤ T-Test
⑥ 垂直ジャンプ
⑦ ランニングジャンプ
⑧ クロスオーバーステップジャンプ
⑨ メディシンボール投げ
⑩ 立ち幅跳び
⑪ 立ち3段跳び
⑫ 両脚3回跳び
⑬ 背筋力
⑭ 脚筋力
⑮ 30秒嫉妬アップ
⑯ Yo-Yo test

Q&A

[指導者アドバイス編]

Q サーブミスが続く選手に対して、指導者はどういう声を掛ければいい？

A まずはミスの原因を見抜いてあげよう

ジャンプサーブを打つ選手は、試合終盤になると疲れてジャンプが落ちてくるので、ネットに引っかかることが多い。コースをねらおうとしていた結果の打ち損じなのか、単に疲れているのか、指導者はミスの要因を見極めること。連続してネットにかかるミスが続いたら、ターゲットをねらうことよりも「まずは遠くに真っ直ぐ打て」とアドバイスする。

その結果1本入ったら「次はもうちょっとだけ右をねらってみる」と少しずつねらえるコースを増やしていく。サーブに関して、選手は感覚の部分が強く、なぜミスをしているかわからないこともあるので、練習時から成功している時と失敗している時の差を見極めること。

トップレベルのチームでも、基礎練習は多く行うのか？

 トップレベルだからこそ重要

　日本は、各自がそれぞれのペースでレベルアップを図るのが難しい環境でもあると言える。日本と異なり、たとえばイタリアやフランスなど、プロリーグがある国々では所属選手が世界各国から集まってくる。しかもそれぞれが国の代表としてプレーする選手ばかりで、ナショナルチームとして活動する期間も長く、リーグ戦の直前に全員が集まる、ということも珍しいことではない。そのため、海外のプロリーグでは鍛錬期という発想はあまりなく、基礎はジュニアチームやユースチームなど、10代のうちに徹底して行う。プロとして活動する前に基礎技術や体力を養い、トップリーグでは直前に集まって、提示された戦術を理解して披露する高い能力を持った集団として活動している。

　日本は学校→企業というベースがあるため、なかなか難しいのが現状。だからこそ、試合がない期間でどれだけレベルアップできるか。チームとして練習をして、個人も基礎からしっかりと成長を実感する期間を設けることが、大切なポイントになっている。

 日々の練習でどんな意識を持たせればいい？

 当たり前を徹底する。凡事徹底が一番大事。

　毎日長い時間を割いて、少しでもうまくなろう、それぞれの課題を克服しようと練習に励む選手たちに一番意識してほしいこと。それは、当たり前のことこそ丁寧に、徹底して行うということ。

　基礎練習や、地道な練習を続けることはとても難しい。だが、苦しい時に力となって助けてくれるのは、間違いなくそのようにして培ってきた基本だ。1本のパス、1本のハイツを打つときも当たり前の基本を大切にどれだけ取り組むことができるか。それを日々の練習を通して選手に伝えることが指導者の役目でもあることを忘れてはいけない。

CONCLUSION
おわりに

　最後まで読み進めていただき、ありがとうございました。参考になること、ヒントになることはありましたでしょうか。

　個人の技術や意識を高めることが成果や結果に直結する個人競技と異なり、バレーボールは集団スポーツであり、自分だけが良かったからといっていい成績を収められるとは限りません。スパイカーだからこれだけできればいい。レシーバーだからこれだけやればいい。セッターだからこれだけ頑張ろう、と区分してしまうのではなく、チームのために自分に何ができるか。それを探し、実践するのもチームスポーツに携わる人間として、とても大切なことです。

　試合に出られない人は、なぜ自分が試合に出られないか、悔しさを感じることもあるでしょう。なかなか試合で勝てないチームは、どうして勝てないんだ、と悩むこともあるでしょう。それは我々も同じです。1試合1試合、1つひとつのプレーを考え、悩みながら最善だと思える方法を探して、チームとして模索しながら戦い続けています。

　しかしながら、その試行錯誤や模索をしながら進む過程こそが、チームが進化するためには欠かせない大切な要素であるはずです。壁にぶつかりながらもチャレンジを続け、常

に前進する。チームづくりの土台はまさにその姿勢がベースになるのではないでしょうか。

　スパイクやサーブで得点する人が脚光を浴びることが多い競技ではありますが、必ずその前にレシーブをした人、トスをした人、ブロックされた時にフォローしてくれた人。いろいろな人の、いろいろなプレーがあって最後の1点に結びついています。いかにして、その価値ある1点を積み重ね、目の前の試合に勝利するか。それは私自身にとっても探求すべき課題であり、バレーボールに携わるすべての指導者にとって常に直面し、乗り越えなければならない壁でもありますが、それを越えた時には代えがたい喜びが得られるはずです。

　思い描いた通りに進むほど、バレーボールは簡単な競技ではありません。でも、だからこそ面白い。見ていてワクワクするような試合を展開できるよう、FC東京バレーボールチームは一丸となって戦います。ぜひ、会場にも足を運んで私たちのバレーボールを見に来て下さい。

　最後まで読んでいただき、ありがとうございました。

FC東京バレーボールチーム監督

坂本将康

著者&チーム紹介

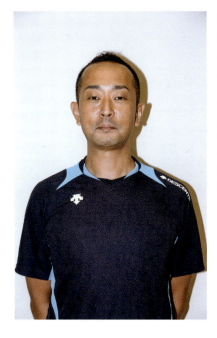

著者
坂本将康 さかもと・まさやす

1974年生まれ。東京都品川区出身。品川区立浜川中学校入学時からバレーボールをはじめ、小学生バレーボール経験者ゼロの環境で全国大会出場を果たす。法政第二高校へ進学し、インターハイ、国体に出場。明治大学からVリーグの松下電器（現：パナソニック）へ。1999年にオランダのNesselandeへ移籍。セッターとして経験を重ね、2000年に帰国後は東京ヴェルディでプレー。01年からFC東京の前身である東京ガスで選手としてプレーした後、JTマーヴェラスのコーチを経て、V・プレミアリーグ昇格を果たした09／10シーズンからFC東京の監督に就任。11年の天皇杯・皇后杯全日本バレーボール選手権大会、12年の黒鷲旗全日本選手権で準優勝。16年10月に開幕するV・プレミアリーグで7シーズン目を迎える。

実演者
左から橘尚吾、山岡祐也、手塚大、山本将平
※2015/16シーズン終了時点での所属選手です

協力
FC 東京バレーボールチーム

1948年、東京ガスバレーボール部として創部。2003年に現在の名称である「FC東京バレーボールチーム」へ移行。2008/9シーズンにV・チャレンジリーグ3連覇を達成。大分三好との入替戦を制して、V・プレミアリーグ昇格を果たし現在に至る。「バレーボールを通じた地域貢献」「バレーボルの普及と発展」「自立した個人の集団の創造」を活動方針として掲げている。

デザイン／有限会社ライトハウス
　　　　　黄川田洋志、井上菜奈美、藤本麻衣
　　　　　株式会社アクセス
写真／矢野寿明、桜井ひとし
編集／田中夕子
　　　木村雄大（ライトハウス）

身になる練習法
バレーボール　実戦力を高めるドリル

2016年9月23日　第1版第1刷発行

著　者／坂本将康
発　行　人／池田哲雄
発　行　所／株式会社ベースボール・マガジン社
　　　　　　〒103-8482
　　　　　　東京都中央区日本橋浜町2-61-9 TIE 浜町ビル
　　　　　　電話　　03-5643-3930（販売部）
　　　　　　　　　　03-5643-3885（出版部）
　　　　　　振替　　00180-6-46620
　　　　　　http://www.sportsclick.jp/
印刷・製本／広研印刷株式会社

©Masayasu Sakamoto 2016
Printed in Japan
ISBN 978-4-583-11019-6 C2075

JVA 承認 2016-08-018

＊定価はカバーに表示してあります。
＊本書の文章、写真、図版の無断転載を禁じます。
＊本書を無断で複製する行為（コピー、スキャン、デジタルデータ化など）は、私的使用のための複製など著作権法上の限られた例外を除き、禁じられています。業務上使用する目的で上記行為を行うことは、使用範囲が内部に限られる場合であっても私的使用には該当せず、違法です。また、私的使用に該当する場合であっても、代行業者等の第三者に依頼して上記行為を行うことは違法となります。
＊落丁・乱丁が万一ございましたら、お取り替えいたします。